새로운 하나된 한국을 꿈꾼
유일한

새로운 하나된 한국을 꿈꾼 유일한

| 김도훈 지음 |

글을 시작하며

인지소유人之所有 숙위불차자孰爲不借者

'사람이 가진 것 중 남에게 빌리지 않은 것은 무엇인가'라는 뜻으로 고려 말 사대부士大夫의 스승으로 자리매김한 이색李穡의 부친 이곡李穀이 남긴 말이다.

한국사회는 근대 문턱에서 일제의 침략으로 자생적 근대화를 이루지 못한 채 수탈 또는 저항, 아니면 그저 살아내야만 하는 시대를 겪었다. 이후 해방은 되었으나 권력을 가진 자들에 의해 민주주의는 말살된 채 또 반세기를 보냈다. 이 기간 동안 자본가들은 권력의 하수인으로 권력과 결탁 또는 동조하에 세계 어느 나라에도 볼 수 없는 '재벌'이라는 단어까지 탄생시키며 한국사회를 지배해오고 있다. 그러면서도 늘 한편으로는 자신들은 권력의 요구에 의해 어쩔 수 없었다는 변辨으로 자신들의 치부를 숨기고 호도하고 있다. 이러한 행태 때문에 지금도 자본가들에 대한 평가는 중세시대 탐관오리 이상으로 험악하다. 늘 권력의 편에서 자신들의 이익을 추구하면서도 그 희생은 국민들의 삶을 담보로 한 것이었다. 2017년 이른바 '촛불시민혁명'으로 정권은 교체하였지만, 사회 전반에 깔려 있는 이러한 현상이 해결되기에는 그 뿌리가 너무도 깊다.

이러한 시대를 살아오면서도 이곡의 말을 실천한 대표적 기업가 중 한 분이 바로 유일한이다. 해방 후 친일파들이 자신의 과오를 숨기기 위해 독립운동을 했다고 떠벌리는 세상 속에서도 유일한은 자신이 독립운동을 한 사실조차 입밖에 꺼내지 않았다. 한 작가가 유일한을 인터뷰하며 독립운동을 한 사실에 대해 묻자, "내가 뭐 한 게 있나"라고 답변하였다 한다. 때문에 그가 독립운동을 했다는 사실은 서거한 지 20여 년이 지난 뒤에야 알려지게 될 정도였다. 여기다 그는 우리나라에서 두 번 다시 볼 수 없는 기업가의 표상을 지켜왔다.

본명 유일형. 미국에서 유일한(New一韓)으로 개명하면서 그는 경제적 독립을 바탕으로 국민들을 위한 '새로운 하나된 한국'을 꿈꾸며 자신의 일생을 바쳤다. 그리고 살아서 번 모든 재산은 회사를 함께 일군 종업원들, 그리고 학생들을 위해 모두 기증하였다. 자식들에게 남긴 재산이라

곧 손녀의 학비로 1만 달러를 남겼을 뿐이다. 그리고 남긴 말 한 마디.

기업의 재산은 사회에 환원해야 한다.

유일한은 이 말을 늘 강조하였고, 실천하였다. 그는 한국 최초로 모든 종업원을 주주로 만들었고, 의약 분업을 실시하는 등 '국가'도 하지 못하는 일을 이뤄냈다. 이러한 기업 정신은 일제와 총으로 싸웠던 무장투쟁 못지 않은 진정한 국민국가를 이루려는 그의 철학 때문이었다. 촛불혁명을 이뤄낸 대한민국에서 새삼 유일한의 삶이 무겁게 다가온다. 그의 기업가 정신은 2017년 현재에도 큰 울림이 있기 때문이다.

그간 유일한 관련 연구 논저는 주로 일화나 증언을 바탕으로 이루어진 탓에 종종 오류가 발견된다. 유일한의 관련 자료마다 유일한이나 본명 유일형이 아닌 '류일향, 류일항, 류일행, 류일환' 등으로 기록되어 있어 자료를 찾는 데 적지 않은 장애로 작용하지 않았나 싶다. 따라서 필자는 가능한 자료를 바탕으로 그간 잘못 해석된 부분을 바로잡고, 최대한 객관적으로 사실에 입각하여 실상을 밝히려 하였다는 것에 자그마한 위로를 삼고자 한다.

2017년 12월

김도훈

차례

글을 시작하며 4

- **가계와 어린 시절**
  진주유씨, 선조의 정착지 10 | 아버지 유기연과 독립운동 14
  유일한의 형제와 자녀 23 | 10년간의 어린 시절 27

- **미국 유학과 학창 시절**
  미국에서의 학창 시절 35 | 한인소년병학교 입학 41
  대학생활과 반려자와의 만남 49 | 한인자유대회 참가 52
  라초이식품회사 설립 62

- **유한양행 설립과 경영**
  20여 년 만의 귀국 67 | 유한주식회사 설립 70
  유한양행 설립과정 77 | 유한양행 경영 85

- 2차 도미와 독립운동

    2차 도미와 요양 96 ㅣ 1941~1942년 재미한인사회의 동향 100

    재미한족연합위원회 집행부 활동 103

    재미한족연합위원회 연구부 활동과 『한국과 태평양전쟁』 발간 111

    고려경제회 조직 119 ㅣ 주미외교위원부 협찬회 파동 123

    태평양국제대회(IPR) 참석 127 ㅣ 냅코프로젝트 참여 129

- 해방 이후 귀국과 활동

    8년 만의 2차 귀국과 활동 137 ㅣ 6년 만의 3차 귀국과 활동 142

    아들 유일선과 은퇴 150 ㅣ 구두 두 켤레, 양복 세 벌 155

유일한의 삶과 자취 160
참고문헌 163
찾아보기 166

가계와 어린 시절

진주유씨, 선조의 정착지

유일한柳一韓은 1895년 1월 15일(음력 1894년 12월 13일) 평남 평양에서 아버지 유기연柳基淵과 어머니 김기복金基福 사이에서 장남으로 태어났다. 본관은 진주晉州이며 진주유씨 27세손이자 진천군파晉川君派 21세손이다.

   진주유씨 시조는 유정柳挺이다. 유정은 고려 의종부터 고종 때의 무신으로 벼슬이 금자광록대부金紫光錄大夫 중서령中書令 좌우위左右衛 상장군上將軍에 이르렀다. 후일 진강부원군晉康府院君에 봉해진 것을 계기로 진주유씨의 시조가 되었다.

       정挺 – 숙淑 – 돈식敦植 – 홍림洪林 – 부榑 – 간玕 – 지정之淀 – 손巽 – 휘종暉宗 – 영문榮門 – 비棐 – 유瑠 – 자담自潭 – 원창院昌 – 의義 – 성춘成春 – 한漢 – 시무

時茂 – 경장景長 – 후재厚材 – 세윤世潤 – 응화應華 – 훈壎 – 기림起林 – 진수鎭秀 – 기연基淵 – 일한一韓

유정은 슬하에 1남 1녀를 두었는데, 딸을 우봉최씨牛峰崔氏 최원호崔元浩에게 시집보냈다. 최원호와 유정의 딸 사이에 태어난 아들 형제가 바로 최충헌崔忠獻과 최충수崔忠粹였다. 또한 유정의 아들 유숙柳淑은 최충헌의 누이를 아내로 맞이하면서 후일 무신집권기 가장 권세가 강한 집안과 겹사돈이 되었다. 이후 유숙 – 유돈식 – 유홍림 – 유부에 이르기까지 각기 진녕晉寧부원군 – 진원晉原부원군 – 진양晉陽부원군 – 진흥晉興부원군 등 5대에 걸쳐 진주를 근거로 부원군에 봉해지면서 고려시대 무인집권기 진주유씨 가문의 전성기를 이루었다.

그 후 유정의 7세손(이하 '세손'으로 칭함) 유지정 때 분파分派되면서 유지정은 진천군의 파조派祖가 되었다. 진주유씨 진천군파가 경북 예천醴泉에 자리잡은 것은 유정의 12세손 유유(호 龜菴)가 조선 연산군 때 사화士禍를 피해 경북 예천군 용문면龍門面 구계리九溪里로 은거隱居한 것이 계기가 되었다. 유유가 예천으로 은거한 이유는 그의 장인이 한성판윤漢城判尹을 지낸 경북 안동 출신 김계권金係權이었고, 처외조부가 예천군 용문면의 예천권씨 권맹손權孟孫이었기 때문이었다. 조선 전기는 17세기 이후와는 달리 부계가 아닌 처가에서 거주하는 것이 일반적인 관행이었기에 유유 역시 처가가 있는 곳으로 은거한 것으로 보인다.

김계권의 아들 중 이름을 떨친 이는 장남 학조대사學祖大師(1432~1514)이다. 학조대사는 세조부터 중종 때까지 선승禪僧으로 왕실의 전폭적인 지원을 받으며 활동한 승려이다. 학조대사는 금강산의 유점사楡岾寺를 중창重創하고 가야산 해인사海印寺를 중수重修한 것을 비롯하여 해인사 대장경大藏經을 간인刊印하거나 각종 불경을 번역하는 사업을 도맡아 하였다. 학조대사는 세조는 물론 세조의 비妃 정희왕후, 세조의 며느리이자 성종의 생모인 인수대비 등의 총애를 받는 등 당대 최고의 권력을 누렸다. 이때 현재의 서울 인왕산 부근 장동壯洞(현재의 종로구 통의동·효자동·창성동 일대)과 청풍계淸風溪(현재의 종로구 청운동 일대)를 자신의 두 조카에게 물려주었다. 이 두 조카의 후손은 김상헌金尙憲·김상용金尙鎔을 거쳐 '장동김씨'라 불리게 되었다.

14세손 유원창은 현 경북 안동시 풍천면 구담으로 입향入鄕하여 자리를 잡았고, 16세손 유성춘은 임진왜란을 피해 경북 의성으로 입향하였다. 다만, 유성춘의 아들인 17세손 유한은 선영이 있는 용문면 구계리를 떠나지 않았다. 유한은 퇴계의 학맥을 이은 김언기金彦璣의 문인이었고, 18세손 유시무는 서당을 세워 후진을 양성하였다. 이외에도 진주유씨 일족인 유호柳浩·유종柳淙·유경번柳景蕃·유후재柳厚材 등도 문명文名을 떨쳤다. 이 중 20세손 유후재는 목재木齋 홍여하洪汝何의 제자였으며, 21세손 유세윤柳世潤도 채헌징蔡獻徵의 문인으로 학문에만 정진하였다. 진주유씨가 예천군 지보면知保面에 정착하기 시작한 것은 유세윤이 입향하면서였다. 이후 유일한의 부친 유기연이 이곳을 떠날 때까지 그 후손들은 지보면에 살았다.

이와 같이 유일한의 진주유씨 직계 선조는 고려시대 무인武人 집안으로 번성하였으나 조선시대 연산군의 사화를 피해 경북 예천군 용문면

예천 입향조 유유의 묘   유유의 처외조부 권맹손 묘

구계리에 정착하였다. 이후 안동과 예천 등지를 중심으로 거주하면서 관직에 나아가지 않은 채 유학자로서 청빈한 삶을 살았다. 진천군파에서 관직을 지낸 이는 8세손 유손이 광주목사, 13세손 유자담이 사헌부司憲府 감찰을 지냈으며, 유후재와 유세윤도 사후死後 각기 형조참의刑曹參議와 공조참의工曹參議로 추증追贈되었을 뿐이다. 유일한 선조의 선영은 첫 정착지였던 예천군 용문면 구계리에 있고, 유일한의 조부와 증조부의 묘는 지보면 대죽리大竹里에 있다.

아버지 유기연과 독립운동

유일한의 부친 유기연은 1861년 유진수柳鎭秀의 아들로 경북 예천군 지보면에서 태어났다. 다만 구체적 출신지에 대해서는 이견이 있다. 첫째, 충북 단양丹陽, 둘째, 경북 예천군 대승면 지보리知保里, 셋째, 경북 예천군 지보면 대죽리라는 설이 대표적이다. 앞에서 살펴보았듯이 유기연의 직계 선조는 예천군 지보면에 거주하였다. 그렇다면 유기연의 출신지는 단양이 아닌 예천군의 대승면 지보리와 지보면 대죽리로 압축된다. 대승면 지보리는 1917년 일제의 군면郡面 개편시 지보면 지보리였다는 점에서 지보면 지보리의 오류로 보인다. 또한 지보면 대죽리는 유기연의 아버지와 할아버지 묘가 위치해 있다는 점을 근거로 들고 있다.

그러나 1950년대 유일한이 지보면 신풍리에 있는 신풍국민학교에 매 학기 초마다 전교생에게 학용품 일체를 무상으로 제공한 점, 신풍국민학교 교문을 세울 때 유일한이 제일 많이 기부한 것으로 볼 때, 유기연의 정확한 출신지는 지보면 지보리나 대죽리보다는 지보면 신풍리일 가능성도 없지 않다. 후일 유일한이 설립한 유한공고柳韓工高에 다니는 학생들 중 신풍초등학교 출신들의, 유일한이 신풍초등학교에 대한 지원을 아끼지 않았다며 회고한 것도 이러한 추정을 뒷받침할 수 있지 않을까 생각된다.

지금까지 전해진 바에 의하면 유기연은 9세 때 부모를 잃고 고아가 되어 친척집을 전전하며 살았다 한다. 26세가 되던 1887년경 고향을 떠나 전국을 떠돌며 장사를 하다가 자리를 잡은 곳이 평양이었다. 유기연은 평양에서 농산물과 건어물 등 잡화상과 삼베와 명주 등 옷감장사를 하였다. 그 당시 평양에 숙소를 두고 부근 마을을 돌아다니며 행상行商하였다. 특히 강계江界까지 행상을 나갈 때는 그곳 과부댁에서 하룻밤 신세를 지곤 했다 한다. 이때 유기연을 눈여겨본 과부댁은 유기연을 자신의 딸 김확실金確實과 결혼시켰다. 결혼 당시 유기연은 27세, 김확실은 15세였다 하니 1888년 즈음일 것이다.

결혼 후 평양에서 아내의 도움으로 장사를 하며 돈을 모은 유기연은 점차 사업 범위를 넓혀 서양에서 수입한 물품들도 판매하기에 이르렀다. 당시 수입품 중 최고의 재봉틀 제품인 싱거Singer 미싱 도매상이 그것이었다. 1850년 뉴욕 출신의 아이작 메리트 싱거Issac Merritt Singer는 뉴욕의 변호사 에드워드 클라크Edward C. Clark와 싱거회사I. M. Singer & Company를 설립하였다. 싱거회사는 1851년 세계 최초로 실이 꼬이지 않고 페달을 돌리는 실용 재봉기를 발명한 이후 세계에서 가장 큰 재봉기 회사로 성장하였다. 따라서 싱거 미싱은 당시로서는 재봉기의 대명사였다. 이때부터 유기연은 개항장 인천을 오가면서 더욱 근대 서양 문물을 접하게 되었다.

유기연의 인생에 가장 큰 변화는 평양에서 미국 북장로교 선교사 모펫Samuel Austin Moffet(한국명 마포삼열馬布三悅, 혹은 마삼열馬三悅)에게서 세례를 받고 기독교에 입문한 것이었다. 평양은 1870년대 기독교가 전래된 이후 1892년 미국 감리교 의료선교사 홀W. J. Hall(한국명 하락賀樂)과 1893년 선교사 모펫 등에 의해 본격적으로 선교가 시작되었다. 특히 평양은 1894년 청일전쟁이 일어난 뒤 9월 대규모 전투가 벌어지면서 전쟁의 피해가 극심하였다. 이때 의료선교사였던 홀이 자신의 몸을 돌보지 않고 부상당한 군인과 한국인을 열심히 치료하다가 1895년 11월 숨을 거두었다. 이러한 헌신을 지켜보던 평양 사람들은 감동하여 기독교로 귀화하기 시작하였다. 그 결과 평양은 '한국의 예루살렘'으로 불릴 정도로 기독교가 급속히 전파되었다. 홀이 사망한 뒤, 모펫은 1907년 평양에 독로회獨老會를 조직하고 초대 회장이 되어 1912년 조선예수교장로회 총회가 되는 기반을 마련하였다. 이처럼 모펫은 언더우드·아펜젤러와 함께 한국 초대 선교사 3인 중 1인으로 손꼽히는 인물로서 평양 장로회신학교를 세우는 등 평양지역 기독교 개척에 헌신한 사람이었다.

평양에 거주하던 유기연은 모펫으로부터 세례를 받은 이후 독실한 기독교 신자가 되었다. 그의 기독교 신앙에 대한 열정은 아내가 기독교를 믿지 않는다는 이유로 이혼을 결심하기도 했다는 일화와 아내 이름 '김확실'을 '하나님께서 주신 소중한 복'이라는 뜻의 '김기복'으로 개명하여 호적에 올렸다는 일화에서 잘 드러난다.

슬하에 6남 3녀를 두었던 유기연은 자식들의 이름을 지을 때, 27세손의 항렬行列인 '형馨'을 돌림자로 택하여 장녀는 선형善馨으로, 장남은 일형一馨으로 이름지었다. 이들 9남매의 돌림자가 '형馨'에서 '한韓'으로 바뀐 것은 일형이 미국에서 '일한'으로 개명한 뒤부터였다고 한다.

어릴 적 부모를 여의고 공부를 하지 못한 유기연은 자녀들에 대한 교육열이 남달랐다. 1905년 장남 유일한을 미국으로 유학보낸 데 이어, 1906년경에는 장녀를 서울 정신여학교貞信女學校로 보냈다. 이후 차남은 러시아, 3남은 중국, 5남은 일본으로 유학을 보냈다. 그러던 중, 1910년 정신여학교에 다니던 큰딸 선형이 독립운동가의 비밀 연락 임무를 수행한 혐의로 일제 경찰의 감시를 받게 되었다 한다. 이에 유기연은 일제의 감시를 피해 경술국치庚戌國恥가 일어나던 해, 가족을 이끌고 북간도 옌지현延吉縣으로 이주하였다. 옌지현 국자가局子街에 터를 잡은 유기연은 상투를 자르고 단발을 하였다. 다만, 단발한 시기에 대해서는 1895년 단발령斷髮令 직후에 했다는 설과 간도 이주 후 하였다는 설이 있다. 이에 대해 막내딸 유순한은 1988년 자신의 전기傳記에서 "아버지께서 상투를 자르던 날은 북만주에서 보기 드물게 햇빛이 따뜻하게 내려쬐고 바람이 없는 겨울날이었다"로 적고 있다.

이후 유기연은 옌지현에서 냉면집 등을 운영하면서 한인사회의 독립운동에도 관여하였다. 옌지현은 일찍부터 한인들이 건너와 자리를 잡은 곳이다. 1907년 김약연金躍淵·구춘선具春先·박찬익朴贊翊·이동춘李同春·정재면鄭載冕 등은 한인 자치를 위해 연변교민회延邊僑民會를 조직하였다. 이들은 1909년 정식으로 중국 당국의 허가를 얻어 간민교육회墾民教育會를 조직하고 1908년 한인 자녀들의 민족교육을 위해 설립한 명동서숙明洞書塾을 명동학교明洞學校로 개편하였다. 이즈음 국내 신민회新民會에서 간부로 활동하던 이동휘李東輝가 북간도교육단을 조직하고 단장에 정재면을 임명하여 명동학교로 파견하였다. 북간도교육단 임원으로 고문에 이동휘·이동녕李東寧, 종교는 배상희裵尙禧(기독교 전도사), 의무는 한봉의韓鳳儀(평양 제중병원 의사)가 맡았고, 유기연은 재무로 임명되어 명동학교를 민족교육기관으로 발전시키는 데 헌신하였다. 다만 북간도교육단은 1909년 원산항에서 출발한 뒤 옌지현 인근의 허룽현和龍縣 명동촌으

북간도 시절 유기연과 가족들

로 가서 명동서숙을 발전시켰다는 것이 학계의 기본 정설이다. 그러나 앞서 언급한 바와 같이 유기연의 장녀 유선형이 1910년 4월 정신여학교를 졸업하고 함께 옌지현으로 건너간 것으로 볼 때, 그 시기는 1909년이 아니라 1910년일 것으로 추정된다.

국자가에 정착한 유기연은 곧바로 1911년 국자가교회局子街敎會 설립을 주도하였다. 1928년 간행된 『조선예수교장로회 사기史記』 상권 제8장 「함경대리회咸鏡代理會」에는 다음과 같이 적고 있다.

중국 동만주 국자가교회가 성립하다. 이에 앞서 평양 교인 유기연이 이곳에 이주하여 복음을 선전함에 신자가 차츰 늘어 예배당을 건축하고 목사

바커A. H. Barker(朴傑)·김영제金永濟 양인이 내순來巡하여 교회를 성립이러니 그 후에 목사 푸트William R. Foote(富斗一)·김내범金迺範·최덕준崔德峻·유지선柳芝善과 장로 유찬희柳讚熙·서성권徐成權·박의섭朴義涉·유우일俞愚一·유흥원柳興元이 차례로 시무하니 교회 전진이러라.

유기연이 국자가에서 먼저 기독교를 전파하고 교인을 모으자, 간도를 선교구역으로 담당한 캐나다 장로회는 바커를 북간도 최초의 선교사로 파견하여 교회를 세우고 선교하는 한편, 한인들의 독립운동을 지원하였다. 이후 이들은 간도 한인사회에서 독립운동의 주역으로 활동하였다. 1912년에는 막내딸 순한을 낳는 경사가 있었다. 또한 그해 8월에는 국자가에서 이동춘 등 3인이 길신여학교吉新女學校를 설립하자, 장녀 유선형과 이동춘의 큰며느리가 교사가 되어 11명의 학생들에게 국어(한글)·중국어·산술算術·한문 등을 가르쳤다.

1913년 1월 13일 유기연은 이동춘·정재면·구춘선 등 25명과 함께 간민회墾民會 발기인으로 참여하고 「간민회 조직총회 소집통지서墾民會組織總會召集通知書」에 서명하였다.

간민회 조직총회 소집통지서

차호嗟乎아 도문강북圖們江北에 거주하시는 우리 형제시여. 우리가 중국영역 내에 전접奠接하야 식모여토食毛茹土한 지 40여 년 동안에 중국 법률의 보호와 일시동인一視同仁의 은택恩澤에 목욕沐浴하야 도문강북이 과연 우리의 제2 강구康衢된 지 오래도다. 그러면 우리 형제는 민국民國(중국)에 대한

성애誠愛가 간절치 아니치 못하겠거든 하물며 민국 공화共和 성립 이래로 우리 간민墾民도 함께 공화 행복을 향유享有하기 위하야 입적入籍의 편의를 주시며 토지에 대한 기득권까지 보호하신다 성언聲言하셨으니 민국에 대한 우리의 관념은 다만 감복할 것뿐인데 오히려 이도 불만족다 하야 민국 2년 1월 13일에 길림동남로관찰사吉林東南路觀察使 도빈陶彬 각하께옵서 우리에게 간민회墾民會의 설립을 인허하셨도다. 당회當會의 목적은 도문강 북에 거주하는 우리 민족으로 하여금 민국 법률에 저촉치 아니하는 범위 내에서 무슨 사위事爲던지 우리의 복리 증진을 꾀하며 민국정부의 일부 기관이 되야 우리 형제의 생명재산으로 정부에 대하야 보호청구권을 줌이라. 슬프다, 관찰사 도빈 각하의 성실하신 사랑은 한없이 소리높여 찬송하리로다. 이에 도빈 각하의 명령을 받들어 조직총회를 오는 26일(陰 12월 20일) 상오 10시에 연길부延吉府 국자가局子街 간민모범학당墾民模範學堂 내에 열겠사오니 연길延·화룡和·훈춘琿·왕청汪 각지 방백호장方百戶長되시는 이와 유지하신 모든 형제는 일제히 계기屆期에 광림光臨하심을 반망盼望 하나이다

중화민국 2년 1월 13일

발기인

이동춘·정안립鄭安立·김현金玄·정재면·문경文勁·박동원朴東轅·도성都成·백옥보白玉甫·조영하趙永夏·이용李鏞·조극趙克·장기영張基泳·정창빈鄭昌斌·구춘선·유기연·김석영金錫永·신현균申鉉均·이중집李中執·김병흡金秉洽·김영학金永學·김사범金仕範·김재범金載範·왕금붕王金鵬·박정래朴正來·박세호朴世豪

이처럼 유기연은 이동춘·구춘선 등 독립운동가 24인과 함께 북간도 최초의 한인자치단체를 설립하고 자치 행정과 세금 징수 등을 통해 한인사회를 자치적으로 운영하는 데 동참하였다. 특히 간민회는 문맹 퇴치와 식산 흥업 등 한인 자치 활동에 주력하는 한편, 일제의 간섭에 벗어나기 위한 방편으로 중국 국적을 얻으려는 입적入籍운동도 전개하였다. 그러나 입적운동에 대한 한인사회 내 반발이 거세지며 한인사회의 분열 움직임도 나타났다. 이에 도빈은 한인들의 입적운동이 일제의 간섭을 불러일으키는 원인이 될까 하여 1914년 간민회를 강제 해산시켰다.

1914년 1차 세계대전이 일어나고, 체코슬로바키아가 독립을 선언하였다. 그 소식은 만주와 러시아 지역 한인들에게 '독립'에 대한 희망을 불러일으켰다. 1915년 국자가에서 중국인 장종휘張宗輝가 만국개량회萬國改良會를 조직하고 러시아·중국 양국의 공동전선을 주창하자, 북간도 한인지도자들도 공동전선에 참여하기 위해 만국개량회에 참가하였다. 이때 유기연도 이동휘·정재면·유찬희·정안립·권사용權思容·하희옥河熙玉·최빈崔斌·유흥윤柳興允 등과 함께 참여하였다. 그러나 1차 세계대전 당시 일본은 연합국의 하나였으므로 간도와 러시아 한인사회에서는 독립운동 활동을 전면적으로 펼 수 없었던 시기였다. 이즈음 미국에서 유일한이 100달러를 보내주자, 유기연은 그 돈으로 땅을 사 농장을 경영하였다. 당시 독립운동의 방략 중 큰 흐름은 만주 등지에 둔전屯田을 개간하여 그 수익으로 한인사회의 자치기금을 마련한 뒤, 군사훈련 등을 통해 독립을 회복하고자 하는 방식이 기본적인 흐름이었다. 유기연의 농장 구입 또한 이를 실현하기 위한 방편 중 하나로 보인다.

　간도를 비롯한 해외지역에서 독립운동이 활기를 띠는 것은 1차 세계대전이 끝난 뒤 국내에서 3·1운동이 일어나고 대한민국임시정부가 수립되면서부터였다. 이때 유기연은 환갑의 노인이었다. 1920년이 되자, 간도에서 큰 세력을 지니고 있던 대한국민회大韓國民會는 그해 4월 대표회의를 열고 독립군 양성 비용으로 4만 원을 책정하였다. 대한국민회는 회장 구춘선 명의로 「통첩」을 발송하면서 대한민국임시정부가 1920년 2월 5일 발표한 「국무원 포고 제1호」를 인용하여 북간도 한인 유력자 40여 명에게 군자금 납부를 촉구하였다. 이때 유기연은 군자금으로 500원을 후원하였다. 이것이 유기연의 독립운동에 관한 마지막 자료이다.

　아버지를 따라 북간도로 이주한 유일한의 동생들은 유기연의 집에 독립운동가들이 자주 방문하였고, 유기연이 그들에게 군자금을 제공하였다고 기억하고 있다. 이처럼 북간도 이주 후 기독교 전파와 독립운동을 위해 활동하던 유기연의 하루는 아침에 일어나면 반드시 애국가를 부르며 시작했다고 한다. 혹 일제의 감시로 큰 소리로 부를 수 없을 때는 이불을 뒤집어쓰고 불렀으며. 애국가 곡조는 찬송가의 「피난처 있으리」라는 곡조였다고 한다.

　1927년 유일한이 귀국하여 아버지에게 귀국할 것을 권유하자, 유기연도 간도 생활을 정리하고 가족과 함께 귀국하였다. 그러나 유기연은 유일한의 권유에도 서울에 살지 않고 제2의 고향 평양 상수리에 살다가 1934년 8월 73세를 일기로 별세하였다. 유해는 평양 예수교 묘지에 안장되었다.

유일한의 형제와 자녀

유기연은 6남 3녀를 두었다. 연령순으로 보면 장녀 선형, 장남 일형(후일 일한으로 개명), 2남 중한仲韓, 3남 명한明韓, 4남 성한, 5남 동한東韓, 막내딸 순한順韓, 6남 특한特韓이었다.

장녀 선형은 1893년 태어났으며, 자라서 연동여중蓮洞女中에 입학하였다. 그녀가 연동여중에 입학한 것은 아버지 유기연의 선택이었던 것으로 추정된다. 이유는 유기연에게 세례를 준 모펫이 미국 북장로회 선교사였고, 연동여중 역시 미국 북장로회 선교사가 세운 학교였기 때문으로 보인다.

연동여중은 1887년 미국 북장로회에서 파송한 의료선교사 애니 엘러스Annie J. Ellers가 고종으로부터 하사받은 서울 정동 28번지 주택에 설립한 학교였다. 1895년 10월 서울 종로 연지동으로 이전하고 연동여학교로 개칭되었으며, 1903년에는 연동여중학교로 개칭되었다가 1909년 사립정신여학교로 인가를 받았다. 연동여중 시절, 교사 신마리아辛瑪利亞와 김원근金元根 등에게서 민족정신을 함양하였고, 1910년 4월 졸업하였다. 졸업 당시는 정신여학교였다. 때문에 정신여학교 1회라고 하는 경우도 있으나, 1936과 1937년 간행된 졸업생 명단인 『정신』 2호와 『정신』 3호에는 "유선형柳善馨, 졸업기수 4회, 1936년 이전 사망"한 것으로 되어 있다. 4회 졸업생 동기로는 독립운동가 김마리아金瑪利亞와 김마리아의

언니 김미염金美艶·유각경兪珏卿·오현관吳玄觀·오현주吳玄洲 등 후일 대한민국애국부인회를 조직하여 활동한 인물들과 방신영方信榮·이자경·노숙경·이천래·홍은희 등 후일 여성계의 지도자로 활동하는 인물들이었다. 유선형은 졸업과 함께 가족들과 북간도 룽징으로 건너갔으며, 1912년 그곳에서 일신여학교 교사로 활동하였다. 후일 베이징으로 유학을 떠났으나 학업을 포기하고 결혼하여 네 명의 아이를 두었다. 1936년 이전 사망하였다.

차남 중한(본명 三韓)은 중국무관학교를 졸업하고 장교가 되었다. 그러나 군 시절, 아편에 중독되어 치료를 위해 군을 예편한 뒤 농장에서 요양하였다. 이때 농장 생활에 필요한 비용을 유일한이 부담하였으나 끝내 사망하였다.

3남 명한(본명 五韓)은 1934년 당시 상하이의과대학에 재학하고 있었고, 1936년부터 유한양행에 입사하여 근무하였다. 1938년 유한양행 이사, 1940년 유한양행 부사장이 되었고, 1941년에는 유한무역회사㈜ 전무이사 겸 유한상사 이사로 선임되었다. 그러나 유일한이 미국으로 떠난 뒤, 일제에 협력하였다. 1941년 8월 국방헌금 1만 원을 헌납하였고, 그해 12월 유한양행 2대 사장으로 취임하였다. 취임 직후 '유한애국기' 제작비용으로 5만 3,000원을 헌납하였다. 또한 '야나기하라 히로시柳原博'로 창씨개명까지 하였다. 한국전쟁 중, 사업차 제주도로 가던 길에 타고가던 배가 다대포 인근에서 침몰하는 바람에 사망하였다. 이때 유일한은 명한의 아들 유승호를 유학보내며 학비와 생활비를 부담하였다.

4남 성한(본명 七韓)은 일찍 폐결핵에 걸려 갖은 민간요법으로 치료해 보았으나 차도가 없었다. 이후 황해도 해주에 닥터 홀의 아들 닥터 셔우드 홀이 결핵 병동을 설립하였다는 소식을 듣고 찾아갔으나 환자가 몰려 입원할 수 없었다. 이 소식을 들은 유일한은 해주의 결핵요양원으로 찾아가 원장 셔우드 홀을 만나 결핵 퇴치사업에 동참하는 의미로 병자들을 수용할 병동 하나를 지어주는 대신 동생 성한을 입원시킬 수 있었다. 그러나 끝내 사망하였다.

막내딸 순한順韓은 1912년 룽징에서 태어났다. 명신여학교를 다니다 오빠 유일한이 귀국하자, 오빠에게 간호학교에 다닐 수 있도록 도움을 청하였다. 유일한의 주선으로 한국으로 돌아와 평양연합기독병원 간호원양성소를 졸업하였다. 평양연합기독병원은 일찍이 유기연이 평양에서 활동할 때, 의료선교사로 활동하던 닥터 홀을 기념하기 위해 그의 아내 로제타 홀이 세운 기홀병원('홀'을 기념한다는 의미), 평양장로교병원, 한국 최초의 여성진료소인 광혜의원 등이 연합한 병원이었다. 3년간 수업을 받은 뒤, 1934년 간호원양성소를 졸업하였다.

1937년 12월 유일한의 중매로 홍용선과 결혼하였다. 홍용선은 의과대학을 중퇴하고 유한양행에 입사하였다. 홍용선의 부친은 구한말 무관을 지내다 경술국치 당시 '합병'을 반대하다 파직되었다 한다. 홍용선은 유한양행 타이완지부에서 근무하였다. 해방 이후 순한은 미국으로 유학을 떠나 로스앤젤레스 그랜드병원에서 근무하며 공부하였다. 귀국 후 서울 위생병원 부간호과장, 서울대병원 간호부장, 전남대병원 간호과장, 국립의료원 간호과장, 국립보건연구원 교육부 과장 등을 역임하였다. 또한 대한간호협회 제2부회장, 서울시 간호사회 회장, 보건간호사회 회장, 생명의 전화 이사장을 지내며 보건간호 발전에 큰 업적을 남겼다. 이러한 공로로 간호사들의 최고의 영예인 플로렌스 나이팅게일 기장을 수여하였다. 2003년 12월 31일 별세하였다.

6남 특한은 1918년 9월 북간도 룽징에서 9남매의 막내로 태어났다. 1941년 일본 와세다早稻田대학 법학부를 졸업하였다. 귀국 후 유한양행에서 수출입 업무를 담당하였다. 한국전쟁 중이던 1952년 유한양행 대표이사로 선임되었으며, 그해 11월 한국약품공업협회 회장으로 선출되었다. 1953년 유한양행과 결별하고 유한무역주식회사를 유한산업주식회사라 개칭하여 독자적인 제약회사를 경영하였으며, 1957년 유유산업(주)으로 개명하였다. 유유산업에서 개발한 대표적 약품은 '비타엠'이라는 종합영양제로 국내 비타민 생산량의 40%를 차지하며 한국 비타민의 대표상품으로 자리잡았다.

유일한은 아내 호미리와의 사이에서 1929년 10월 19일 태어난 장녀 재라載羅와 1935년 6월 3일 태어난 아들 일선逸善을 두었다.

딸 재라(미국명 Janet. T. New)는 미국 밀즈대학을 거쳐 1951년 캘리포니아주 버클리대학을 졸업하였다. 미군 장교 톰슨과 결혼하였으나 1962년 남편과 사별死別하였다. 슬하에 자녀가 없던 그녀는 이후 주베트남 미군 사령부에서 근무하다가 1954년부터 주한 미8군 군속軍屬으로 근무하며 한국에 머물렀다. 아버지를 여읜 뒤 유지遺志를 받들며 1977년부터 유한재단 이사장으로 근무하였다. 재단 외에도 개인적으로 장학사업을 펼치는 등 기부 활동을 하였다. 1991년 골수암이 악화되자, 죽음을 예감하고 다른 사람들에게 폐를 끼치지 않기 위해 미국으로 건너가 그해 3월 19일 63세로 생을 마감하였다.

아들 일선은 대학 졸업후 미국에서 변호사를 하다가 1960년대 한국으로 들어와 유한양행 부사장을 역임하였으나, 다시 미국으로 돌아갔다. 부친과 마찬가지로 중국인 여성과 결혼한 일선에게는 딸 '일링'이 있다. 유일한의 손녀 일링은 예일대 심리학과 졸업 후 1996년 제35차 세계 광고대회에서 코래드 해외마케팅 실장으로 근무하였다.

왼쪽부터 딸 재라, 부인 호미리, 손녀 유일링

10년간의 어린 시절

유기연은 1893년 큰 딸 선형을 낳았다. 그리고 1년 뒤인 1894년 청일전쟁清日戰爭이 일어났다. 청일전쟁은 한국에 대한 주도권을 놓고 청국과 일본이 벌인 전쟁이었으나, 그 영향은 한국에도 컸다. 1894년 9월 '평양전투' 이후 일본은 평양을 비롯한 평안도에서 전쟁에 필요한 각종 물자를 징발하는 한편, 물자 수송을 위한 인력 또한 강제동원하였다. 이로 인해 가옥이 불타고 연도沿道의 주민은 사방으로 피난하였다. 또한 평양을 비롯한 평안도 주민들은 성을 쌓는 데 강제로 동원되거나, 물가 폭등 등으로 피해가 극심하였다. 이때 유기연은 전쟁을 피해 아내와 한 살배기 딸을 데리고 평양 북쪽의 산속으로 피신하였다. 이때 유일한은 어머니 태중胎中에 있었다.

이때를 유일한은 다음과 같이 회상하였다.

1894년 중일전쟁(청일전쟁 - 필자 주) 중에 내 아버지는 질병과 군인들을 피하여 어머니, 누이, 그리고 나를 데리고 다른 분들처럼 산으로 은신하였다. 아버지가 우리를 데리고 갔던 곳은 추운 겨울 날씨와 많은 밤으로 유명한 북北 평양平壤의 산 위였다. 그곳을 택한 이유는 최소한 약탈하는 군인들을 피할 수 있는 곳이었기 때문이다. 그 당시에도 전쟁은 심각하여 그 가운데에 있는 사람들은 약탈을 당하거나 곤경에 처하곤 했다. 이런 점에서 한국의 산은 대규모의 군인을 이끌고 넘기가 힘들기 때문에 안전한 천연의 대피처였다.

- New Il Han, 『When I was a boy in Korea』 중에서 -

유일한이 태어난 것이 청일전쟁 강화講和 교섭을 앞둔 1895년 1월이었으므로 그가 이를 기억했을 리 만무하다. 아무튼 유일한은 전쟁의 소용돌이 속에서 태어났고, 그의 처음 이름은 '일형一馨'이었다.

부친 유기연은 일찍 부모를 여읜 탓에 자신이 소학교(현재의 초등학교)조차 다니지 못한 것을 자식들에게 대물림하지 않기 위해 자식들의 교육에 투자를 아끼지 않았다. 특히 장남이었던 일형에게는 독선생獨先生(요즘의 가정교사)을 들여 공부에 전념하도록 하였다. 이 시절을 유일한은

『When I was a boy in Korea』.

이 책은 『디트로이트 데일리 뉴스Detroit Daily News』가 기획하고 1928년 미국 보스턴에서 영어로 발간된 『Children of Other Lands Books』 시리즈 총 22권 중 한 권이다. 이 시리즈는 미국에 이민온 외국인들 가운데 성공한 인사들에게 자신의 어린 시절 겪었던 모국에 관한 이야기를 엮은 것이다. 또한 미국이 아닌 다른 나라에서 살던 경험이 있는 사람들이 자신의 경험을 바탕으로 각국의 문화·풍습 등을 미국인에게 소개하기 위한 목적에서 기획된 것이었다. 유일한이 쓴 『한국에서의 나의 어린 시절』이란 책은 총 11장, 189쪽이다. 내용은 주로 자신의 10년간 어린 시절 경험을 바탕으로 한국의 명절·성묘·놀이·결혼·역사·학교 등을 재미있고 쉽게 풀어썼다. 다만, 10년간의 어린 시절을 30여 년이 지난 뒤 기억을 되살려 쓴 탓인지 자신의 겪은 경험은 거의 없고 한국의 풍속과 역사 등이 주를 이루고 있다. 이 책 1장 관습 편은 유한양행에서 펴낸 『나라사랑의 참기업인, 유일한』에 부록으로 원문과 함께 번역되어 실려 있다.

「When I was a boy in Korea」

『When I was a boy in Korea』에서 다음과 같이 기억하였다.

한국에서의 오랜 관습과 믿음에 따르면 어린이들은 장래에 대한 두 가지 포부를 가졌다. 그 하나는 커다란 지역을 다스리는 정부 관리가 되는 것이었고, 다른 하나는 위대한 학자가 되어 글을 쓰는 능력과 지혜로 평생 존경받는 인물이 되는 것이었다. 그 밖에 농사나 장사꾼·장인이 되는 것은 불운 탓으로 돌리곤 했다.
나는 보통의 한국 가정의 장남이었기에 가문의 영광을 위해 내 미래는 학자가 되는 것으로 예정되어 있었다. 아버지는 중국에서 온 상인들과 장사를 하였는데, 당신이 못하셨던 공부를 큰아들이 해야 한다고 생각하셨다. 아버지가 하시던 장사에 대한 관심 대신에 나는 어릴 적부터 책과 가정교사에 둘러싸여 있었고, 다른 힘든 일은 할 필요가 없었다.

부친은 장남에게 당시 대부분 또래 아이들이 하던 땔감 모으기 등을 일체 시키지 않고 오직 공부에만 집중하도록 배려하였다. 유일한은 평양 근교 서당에 나가서 한문을 익혔다. 일곱 살 되던 1902년경에는 양잠학교養蠶學校에 다녔다. 양잠학교는 누에를 치고 비단을 만드는 실을 뽑아내는 기술을 익히는 곳이었다. 그러나 양잠학교는 집에서 50리 떨어진 곳이라 두 달에 한 번 집으로 돌아오곤 하였다. 첫 학기가 끝날 무렵 유일한은 집으로 돌아가도 좋다는 허락을 받고 집으로 돌아왔다. 그리곤 집에서 운영하던 비단공장에서 뽕잎을 따는 등 일을 계속하였다. 이른바 가업家業인 비단장사의 원천인 양잠업을 도왔던 것이다.

 그러던 중, 1904년 2월 세계 100대 전쟁 중 하나로 일컬어지는 러일전쟁이 일어났다. 청일전쟁으로 극심한 피해를 입었던 평안도 지역은 일본이 러시아를 상대로 전쟁을 벌임으로써 또다시 전쟁의 소용돌이에 휘말렸다. 평양을 중심으로 한 평안도는 육상전陸上戰의 핵심 동선動線이었으므로 초기 2월에서 5월까지는 러시아군에 의한 인적·물적 강제 동원과 수탈, 그리고 무차별 폭력 등으로 많은 피해를 입었다. 이 때문에 평안도 의주는 '십실십공十室十空', 즉 '모든 집이 텅 비어'버릴 정도였다는 보고까지 있었다. 그러나 5월 압록강 전투 이후, 일본군이 전세戰勢를 성공적으로 이끌면서 평양을 비롯한 평안도는 일본군에게 장악되었고, 이후 만주 침략을 위한 교두보이자 병참기지로 변하였다. 문제는 일본군 주둔 이후 약 1년 6개월간 평안도에서는 전투가 일어날 때보다도 더 심한 전방위적인 징발과 인력 동원이 있었다. 이에 평남관찰사 겸 선유사宣諭使 이중하李重夏는 "여러 군의 관아官衙 공해公廨는 모두 일본병이 들어와 차지하고 읍邑과 연로沿路의 민가民家는 태반이 텅 비어 오직 인부의 운수 외에는 행인의 왕래가 전혀 없다"고 하였다. 이는 일본군이 군량, 말의 먹이, 군용품, 운수에 필요한 인부와 우마牛馬 등을 강제로 징발한 데서 나타난 현상이었다. 이로 인해 평안도의 "처참함은 차마 볼 수 없다"고 『기부보초箕府報鈔』에는 적고 있다. 그뿐만 아니라 일본군은 군율軍律을 지나치게 적용하여 지역민을 살해하기까지 하였다.

 10년간 두 차례에 걸쳐 전쟁의 공포와 고통을 겪은 유기연은 이때 장남의 안전과 미래를 위해 유학을 고민하였던 것 같다. 이즈음 유기연은 교회에서 예배를 보던 중 선교사로부터 두 명의 한국인 아이를 미국으로 유학보낼 수 있다는 말을 듣게 되었다. 이 소식을 듣고 아들의 유학을 결정한 것으로 전해지고 있다. 물론 이 결정은 가족과 상의없이 단독으로 내린 것이었다. 아들의 미국 유학 소식을 듣게 된 어머니는 겨우 아홉 살밖에 되지 않은 어린 아들을 머나먼 나라로 보내는 것에 대해 강력히 반대하였다. 식음을 전폐한 채 드러눕는가 하면, 유일한을 데리고 친정으로 도망가기도 하였다. 심지어 자살과 이혼까지 결심할 정도로 유학을 반대하였다. 그러나 아내의 결사적인 반대에도 불구하고 유기연은 유일한의 미래를 위해 유학을 추진하였다.

이때 선교사를 통해 만난 인물이 박희병朴羲秉(일명 박장현)이었다. 박희병은 미주 한인사회 3대 지도자 중 한 명인 박용만朴容萬의 숙부이다. 박희병은 강원도 철원 출신으로 호는 성촌醒村이다. 일찍이 서울 관립영어학교를 졸업하였고, 1895년에는 갑오개혁甲午改革의 일환으로 추진된 관비官費 유학생으로 선발되어 어윤적魚允迪 등 12명과 함께 일본으로 유학을 떠났다. 일본의 근대 사상가 후쿠자와 유키치福澤諭吉(1835~1901)가 설립한 게이오기주쿠慶應義塾에 입학하여 공부하면서 윤치오尹致旿 등과 대조선유학생친목회를 조직하여 활동하였다. 1896년에는 미국으로 유학을 떠나 버지니아주 로아노크Roanoke대학에 입학하여 2년간 예과豫科 수업을 받았다. 이 로아노크대학에는 후일 독립운동가로 활동하는 김규식金奎植도 예과에서 공부하고 있었다. 그러나 대한제국정부의 소환으로 귀국하여 외부外部(오늘날의 외교부) 주사主事가 되었고, 1899년에는 농상공부 기수技手로 발령을 받아 근무하였다.

1900년 4월 사직한 박희병은 이후 영국인이 경영하던 평안남도 순천順川 부근 은산금광殷山金鑛에서 통역으로 일하면서 영국인과 미국인의 교섭 업무를 담당하였다. 그러던 중 1903년경 상동청년회尙洞靑年會에서 순천에 지회를 설립하고 각 면마다 시무학교時務學校 설립을 추진하였다. 이에 1904년 12월 박희병은 직접 학부學部(현재의 교육부)를 찾아가 시무학교 인가를 받아냈다. 시무학교가 설립되자, 박희병은 스스로 교사가 되어 30여 명의 학생들에게 일본어와 영어 등을 가르쳤다. 시무학교 교장은 러일전쟁 당시 평안도 관찰사였던 이중하였다. 이즈음 상동청년회 임원으로 활동하던 조카 박용만이 1904년 7월경 보안회輔安會의 황무지 개척권 반대투쟁으로 옥살이를 하다 풀려난 후, 삼촌이 근무하던 시무학교로 와서 학생들을 가르쳤다. 이때 박희병과 박용만이 가르친 학생이 순천 출신 정한경鄭翰景·이희경李喜儆 등이었다. 이후 박용만은 1905년 2월 옥중에서 의형제를 맺으며 후일 '3만'으로 불렸던 이승만李承晩의 아들 이봉수李鳳秀와 정순만鄭淳萬의 아들 정양필鄭良弼을 데리고 미국으로 건너갔다. 6개월 뒤 국내에 멕시코 한인의 노예이민 참상慘狀이 알려지자, 박희병은 상동청년회로부터 실상을 조사해달라는 요청을 받았다.

1905년 박희병과 동행한 소년들은 유일한과 이종희李鍾熙, 그리고 유일한보다 한 살 어린 이관수였다. 출발 전 유일한은 머리를 깎고 양복을 입은 모습으로 박희병과 함께 기념 촬영을 하였다. 흔히 기존 연구에서 유일한이 1904년 아홉 살에 한국을 떠났다고 알려진 것은 1927년 유일한이 귀국 후 『동아일보』 기자와의 인터뷰에서 아홉 살에 미국에 건너갔

도미 직전 박희병과 유일한

다고 보도된 이후 잘못 알려진 것이며, 유일한을 미국으로 데려간 박희병이 '대한제국 순회공사'라는 설은 1980년 간행된 김형석金亨錫의 『유일한 전기』를 반복 인용한 데서 비롯된 오류이므로 바로잡는다.

미국 유학과 학창 시절

미국에서의 학창 시절

1905년 8월 만滿으로 열 살이 된 유일한은 박희병을 따라 두 소년과 함께 배를 타고 상하이와 홍콩을 거쳐 9월 미국 샌프란시스코에 도착하였다. 미국 이민국 자료에 의하면 박희병은 워싱턴의 한국공사관, 이종희는 캘리포니아주 오클랜드Oakland의 박용만, 유일한과 이관수는 로스앤젤레스의 셔먼Mrs. Florence M. Sherman 부인이 최종 목적지로 되어 있다. 셔먼 부인은 일찍이 한국에서 선교 활동을 한 바 있고, 로스앤젤레스로 돌아온 뒤 감리교 한인전도관Methodist Episcopal Korean Mission을 설립하고 성경과 영어를 가르치면서 한인들의 취업 알선과 함께 유학 생활을 도와주었다. 신흥우申興雨·정한경·남궁염南宮炎·김경金慶 등이 셔먼 부인의 도움을 받은 대표적 인물이다. 이때까지 캘리포니아주에 있던 박용만은 박희병이 도착하자 함께 네브래스카주로 떠났다. 박희병과 박용만이 네브래스카주로 떠난 것은 박희병이 한국에서 선교사들의 소개로 몰몬교로 유명한 네브래스카주 주도州都 오마하Omaha에 위치한 유니언 퍼시픽 철도회사Union Pacific Railroad Company의 추천서를 받아왔고, 네브래스카주 웨슬리언대학 예비과Nebraska Weslyan Collage Academy에 입학할 수 있다는 정보를 입수하였기 때문이었다. 이때 박용만과 박희병은 유일한을 평양 출신 고아 구영숙具永淑(본명 구연성)의 대부代父 김원택金元澤의 캘리포니아 집에 잠시 맡겼던 것으로 추정된다. 후일 구영숙은 김원택의 양자 김용성金容成과 유일한 셋이서 초등학교를 함께 다녔다고 회상하였다.

1906년 여름 박용만은 멕시코 한인 참상을 조사하고 돌아온 박희병과 함께 다시 콜로라도주 덴버Denver로 이주하였다. 이즈음 박용만 등은 유일한을 이관수와 함께 덴버의 한 고아원에 위탁한 것 같다. 한편 『동아일보』 11월 24일자 기사에는 유일한이 미국으로 건너간 지 2년이 못 되어 가정이 폐가廢家가 되어 학비 한 푼 부쳐주지 못하였다 한다. 그렇다면 유일한이 1905년 9월에 도미하였고, 1907년 가을부터는 아버지로부터 학비를 받지 못하였으므로 이때부터 스스로 돈을 벌어야 했을 것이다. 이는 유일한에게 경제적으로 자립의식을 갖는 중요한 계기가 되었을 것이다.

그 후 1908년 7월, 박용만은 덴버에서 애국동지대표회愛國同志代表會를 개최하여 군사학교 설립안을 의결하고 네브래스카주립대학에 입학하였다. 그리고 그해 겨울 박용만은 애국동지대표회에서 의결한 한인군사학교 설립을 위해 노력한 끝에 1909년 6월 네브래스카주 커니Kearney시의

한 농장을 빌려 한인소년병학교韓人少年兵學校를 설립하였다. 커니는 스웨덴 이주자들이 가장 먼저 정착한 곳으로서 주로 독일계와 스웨덴계 미국인들이 사는 지역이었다. 종교적으로는 보수적인 남침례교회가 자리 잡고 있었으며, 주민들은 엄격한 규율을 지키며 근면하고 검소한 생활을 하던 마을이었다. 이어 박용만은 커니를 중심으로 한인들의 생활 안정을 위해 철도회사와 교섭하여 일자리를 마련하였다. 또한 함께 데리고 온 어린 한인 학생들을 위해 커니의 유지들에게 한인 학생들을 '스쿨보이School boy'로 채용해주도록 설득하였다. 스쿨보이란 동양 학생들이 백인의 집에서 숙식을 해결하는 대신 집안일 등 허드렛일을 해주는 것이었다. 1908년경 유일한은 커니의 침례교 목사의 소개로 터프트Tufft 부인 집의 스쿨보이로 입주하게 되었다.

터프트 부인은 일흔 살이 다 된 과부로서, 마흔이 넘은 노처녀 딸들과 함께 살았다. 유일한은 터프트 부인 집에서 숙식을 제공받고 학교에 다니는 대신 청소·물긷기·땔감용 장작 패기 등을 하며 생활하였다. 어린 시절, 아버지는 유일한을 공부에 매진시키려고 여느 집 아이들이 했던 잡일조차 시키지 않았다. 그렇지만 미국에서는 초등학생밖에 되지 않는 어린아이일지라도 자신이 필요한 돈은 직접 일을 하고 벌어 생활하는 방식이 그리 낯선 것은 아니었다. 유일한은 집안일을 도와주는 대가로 매주 2~3달러를 받아 학용품과 의복 등 필요한 생활비를 마련하였다. 이런 일은 비단 스쿨보이가 아니더라도 커니시 미국인 가정의 일반적인 생활이었다. 따라서 마흔이 넘은 터프트의 딸들은 어머니 같은 존재였고, 그녀들에게 유일한은 아들과 마찬가지였다. 아버지 유기연이 독실한 기독교인이었던 탓도 있지만, 미국사회에서도 교회는 커뮤니티로서 중요한 역할을 하는 곳이었다. 따라서 주일이 되면 터프트 가족과 함께 침례교회로 나가 예배를 보았다. 이러한 배경으로 유일한은 평생 독실한 침례교회 교인이 되었다. 후일 유일한은 딸 유재라에게 자신의 인생의 가장 큰 영향은 바로 터프트 자매들이었다고 하였다. 이때부터 유일한은 미국식 기독교적 인생관과 근면·절약의 생활관을 익혔으며, 그 습관이 평생토록 몸에 배였다.

1909년 커니의 소학교 7학년이었던 유일한. 우리나라의 현재 초·중·고 학제學制가 6-3-3으로 되어 있는 것과는 달리, 미국은 각 주마다 차이가 있지만, 커니에서는 8-4제도로 되어 있는 것이 아닌가 한다. 따라서 지금으로 보면 중학교 1학년이 된 셈이었다. 이즈음 유일한은 이름을 '일형'에서 '일한'으로 개명하였다. 그 이유는 그의 이름 '유일형'을 미국 아이들이 'Il Hang You'라고 하며 놀려댔기 때문이었다 한다. 미국 아이들은 그의 영어 이름을 'I will hang you'라는 의미로 놀려댔다. 'hang'은 알다시피 '목을 매달다', '교수형에 처하다'라는 의미이다. 더구나 이 시기는 미국 내에서 '황화론黃禍論, Yellow Peril'이 퍼져 동양인을 멸시하던 풍조가 있던 때였다. 이에 유일한은 부친과 상의하여 이름을 '일한'으로 고쳤다고 전한다. 1909년에는 영문으로 'Il-han Yu'로 썼으며, 1910년에는 다시 성을 영어로 'Lu'로 고쳐 사용하였다. 한편, 유일한이 이름을 고친 이유는 신문 배달을 하던 중, 그곳 미국인이 실수로 일형을 'Il-han'으로 적은 데서 비롯되었다는 설도 있다.

초·중학교 과정을 마친 유일한은 커니공립고등학교에 진학하였다.

커니고교 시절 미식축구선수 모습(앞줄 가운데가 유일한)

커니고등학교에서는 운동에도 재능을 보여 육상선수로 활동하다가 미식축구팀에 들어가 센터포워드로 활동하기도 하였다. 특히 동양선수의 체력적 한계를 극복하고 뛰어난 실력을 발휘하여 미식축구 선수로 명성을 떨쳤다고 한다. "얼굴색이 노란 동양 출신 학생, 키는 작지만 날렵하고 불같은 투지를 지닌 천재적인 선수, 앞으로 미국에서 최고의 선수가 될 것으로 기대된다"고 평가를 받을 정도였다. 덕분에 장학생으로 학비를 마련하여 학교를 무사히 마칠 수 있었다.

이역만리에서 홀로 학비를 벌며 공부를 하였던 어린 유일한은 이 사실을 아버지에게 자랑스럽게 알렸다. 그러나 아버지는 그가 기대했던 칭찬보다는 질책을 하였다. 이에 유일한은 미국에서는 성적이 우수한 학생이어야만 운동선수가 될 수 있으며, 우수한 선수가 되면 장학금도 받을 수 있다는 사실을 알려 아버지를 이해시켰다. 실제로 유일한의 고등학교 성적은 우수하였고, 특히 역사 과목은 90점을 넘는 성적이었다. 이외에도 유일한은 변론반에서도 우수한 학생으로 활동하였다. 네브래스카주에서 빠뜨릴 수 없는 것 중 두 가지가 바로 야구와 변론辯論(또는 토론)이었다. 변론은 미국에서 가장 큰 변론 리그debating league가 있었고, 70여 개의 고등학교들이 참여하고 있었다. 특히 20세기 초 네브래스카 주립대학은 변론이 필수과목으로 지정될 정도였다. 이러한 영향으로 커니공립고등학교에서 유일한은 변론반원으로 활약하였다. 1910년 3월에는 휘티어중학교 학생들에게 자신의 경험을 토대로 모국인 한국의 풍습과 학교에 대하여 강연한 기사가 커니지역 일간 신문에 실리기도 하였다. 이처럼 커니에서 연설과 운동선수로 활동하며 활발한 학창시절을 보냈다.

유일한이 커니고등학교 2학년을 마칠 무렵, 터프트 가족은 막내딸이 시집간 것을 계기로 텍사스로 이사하였다. 이에 유일한도 이웃 도시 헤이스팅스Hastings로 이주하여 헤이스팅스공립고등학교로 전학하였다. 헤이스팅스로 이주한 것은 백일규白日圭·김현구金鉉九·정태은鄭泰殷 세 명의 학생이 헤이스팅스고등학교를 졸업하고 대학 진학을 위해 떠나자, 그들이 묵던 집을 물려받을 수 있었기 때문이었다.

졸업 직전인 1914년 2월에는 헤이스팅스고등학교에서도 연설로 우등을 차지하며 변론반 대표로 다른 고등학교 팀과 경쟁을 하였다. 이 기사는 『신한민보』에 실렸는데, 이름을 '류일형'으로 소개하고 있다.

1914년 홍승국洪承國과 함께 헤이스팅스고등학교를 졸업하였다. 이때 졸업앨범에는 성의 영문 표기가 'Lu'가 아닌 미국인이 발음하기 쉬운

'Neu'로 되어 있다. 친구들은 그를 'I·H'로 불렀고, 졸업앨범에 "I·H는 커니에서 미식축구선수로 이름을 날렸는데, 그는 정말 상대방 팀들이 항상 두려워하는 선수였다"라고 적었다.

한인소년병학교 입학

박용만은 1908년 덴버에서 열린 애국동지대표회의 결정에 따라 군사학교 설립을 추진하였다. 그해 가을 네브래스카주립대학에 편입한 박용만은 그해 겨울 박처후朴處厚·임동식林東植과 더불어 농장과 생도들이 기숙할 곳을 물색하고 군사훈련에 필요한 총기 등을 준비하여 군사학교 개교에 필요한 제반 준비를 마쳤다. 그리고 1909년 6월 초순 커니의 농장에서 해외 한인 최초의 군사학교인 한인소년병학교를 설립하였다.

이 학교는 하기夏期군사학교로, 3년에 걸쳐 여름방학 3개월 동안 군사훈련과 함께 필요한 교육을 이수해야만 졸업할 수 있는 일종의 미국식 군사고등학교 제도를 따른 것이었다. 미국에서 군사교육기관을 받을 수 있는 곳은 사관학교, 4년제 대학, 군사고등학교, 고등학교 등 네 종류이다. 이 중 사관학교와 군사고등학교는 전문 직업군인 간부 양성을 위해 설립된 곳으로 병영생활을 하며 간부 또는 간부 후보생을 양성하는 기관이고, 4년제 대학과 고등학교에서도 간부 또는 간부 후보생들을 위한 군사교육을 실시하기도 하였다. 이러한 특징은 네브래스카주 전역에 걸쳐 확산되어 있었다. 특히 커니의 경우, 커니고등학교에서 교련반 생도, 그리고 성공회에서 세운 커니고등군관학교Kearney Military Academy 생도들이 군사훈련을 하는 등 군사훈련을 받기에 익숙한 지역이었다. 한인소년병학교의 군사교육과 훈련시간 등은 이러한 미국식 군사고등학교 체제와 유사한 것이었다. 한인소년병학교 훈련기간은 8주였다.

이러한 지역의 분위기상 한인소년병학교의 설립은 다른 지역보다 유리하였다. 한인소년병학교의 소식이 퍼져 나가자, 커니 인근 동남쪽 20km 정도 떨어진 장로교 계통의 헤이스팅스대학의 재무이사 존슨P. L. Johnson이 한인소년병학교를 방문하였다. 존슨은 대학 기숙사와 학교 시설 일부 사용을 제의하면서 한인소년병학교 이전을 권유하였다. 헤이스팅스대학이 한인소년병학교를 적극적으로 유치하려던 것은 한인들에 대한 선교 차원에서 비롯된 것이었다.

1909년 커니에서 시작된 군사훈련에 참여한 첫해 생도는 13명이었다. 이때 유일한도 14세의 나이에 한인소년병학교에 입학하였다. 유일한과 김용성Arthur Y. S. Kim이 최연소였고, 농장관리인이자 후원자였던 조진찬曺鎭贊이 50세의 나이로 입대하여 최고령자였다.

1910년 6월 한인소년병학교 하기군사훈련이 헤이스팅스대학에서 열리자, 유일한은 두 번째 군사훈련에 참여하였다. 당시 유일한은 15세로 커니공립고등학교에 재학 중이었다. 이때 최연소 학생은 조진찬의 아들인 조오흥(11세, 헤이스팅스초등학교)이었고, 14세의 커니공립중학교 이관수에 이어 유일한이 세 번째였다. 1910년 당시 교사는 박용만을 비롯하여 백일규·김현구·박처후·이종철·박장순·김장호·구영숙이었고, 생도는 유일한을 비롯하여 정한경·이관수·김일신(김용대)·정양필·홍승국·정태은·이희경·김경·한시호·방사겸·유홍조·이노익·배병헌·신태림·

1910년 당시 한인소년병학교 교사와 학생

교사	나이	출신	교사	나이	출신
교장 박용만	29	네브래스카대학	이종철	–	커니군사고등학교
백일규	31	헤이스팅스대학 예비과	박장순	–	한학자
김현구	21	〃	김장호	–	블리스군사고등학교 졸업
박처후	27	커니사범대학	구영숙	18	블리스군사고등학교

생도	나이	출신	생도	나이	출신
정한경	20	커니공립고등학교	김유택	23	조지아주 레인하드대학
유일한	15	〃	한시호	–	미상
이관수	14	커니공립중학교	방사겸	29	오마하 거주
김용대	–	〃	유흥조	–	〃
정양필	17	커니군사고등학교	이노익	–	웨슬리언대학 예비과
홍승국	21	헤이스팅스대학 예비과	배병헌	–	커니사범학교
정태은	–	〃	신태림	–	미상
박길용	–	〃	오한수	–	〃
조오홍	11	헤이스팅스초등학교	이상진	–	〃
김용성	13	링컨시초등학교	남정헌	–	〃
정희원	–	캔자스시 거주	이진일	–	〃
이희경	20	미상	호시한	25	오마하시공립고등학교
김 경	22				

※ 김도훈, 『미 대륙의 항일무장투쟁론자 박용만』, 독립기념관, 52쪽 재인용

    남정헌·이진일·호시한 등 26명이었다.

    한인소년병학교 교사는 과거 대한제국 시절 군인으로 활동한 '광무군인光武軍人' 출신이거나 미국의 군사고등학교 등에서 군사훈련을 받았던 인물들이었고, 입학한 학생들은 주로 10대에서 20대의 청소년이 주를 이루었다. 한인소년병학교의 1910년 당시 훈련과정을 『헤이스팅스 데일리 트리뷴Hastings Daily Tribune』지는 다음과 같이 설명하고 있다.

한인소년병학교는 헤이스팅스대학에서 제자리를 찾은 듯 안정되고 있다. 매일 오후 4시부터 6시까지 군사훈련을 비롯하여 대학 준비과정 학과들로 짜여진 이 학교에는 30여 명의 생도들이 학업을 닦고 있다.

군사훈련을 받던 중, 유일한을 비롯한 한인소년병학교 교사와 생도들은 한국이 일제에 강제로 병탄되었다는 경술국치 소식을 들었다. 이 소식은 1910년 9월 3일자 『헤이스팅스 데일리 트리뷴』지에도 보도되었다.

1911년 세 번째 한인소년병학교 군사훈련에도 참여한 유일한은 44명과 함께 군사훈련을 마쳤다. 3년간 여름학기 군사훈련을 마치고 1911년 8월 한인소년병학교를 1회로 졸업하였다. 1회 졸업생은 유일한을 비롯하여 조진찬·임동식·정한경·박처후·김용성·구영숙·이관수 등 13명이었다.

그러나 유일한이 한인소년병학교에서 무엇을 하였는지 직접적인 자료는 발견되지 않는다. 다만, 한인소년병학교 관련 자료를 통해 간접적으로 살펴볼 수 있다.

소년병학교 학생은 고생하며 공부하는 학생이라. 일찍이 모아둔 돈도 없고 남의 도움도 없이 3년 동안을 자기들이 벌어먹고 자기들이 공부하는 학생이니 대개 그 정형을 말하면 아침 6시에 기상 나팔을 불면 일제히 일어나 5분 후에 검사를 치르고 또 연하야 세수하고 아침을 먹은 후 각각 시간 일을 농장에 나가 한 시간에 20전이나 혹은 25전을 받고 일하되 만일 시간 일이 학생의 수대로 다 되지 못하면 그 남은 학생들은 학교 농장에 들어가 일을 하여 누구든지 12시 15분에 회식 나팔을 불면 일제히 모여 대열을 지어가지고 식당에 들어가 점심을 먹으며, 점심 후 한 시간은 운동을 하거나 놀이를 하거나 지기의 마음대로 하고 그 후에는 공부를 시작하여 두 시간 허비하고, 또 그 후에는 취군 나팔을 응하여 군복을 차려 입고 군기 가지고 조련장에 들어가 각양 조련을 연습하며, 6시에 다시 식당에 들어가며, 그 후에는 공치기·달리기·씨름·총쏘기와 풍류치기와 나팔 불기와 여러 가지로 각각 소창하고 밤에 또 공부시키는 과정이 있어 각각 정한 시간대로 교과실에 들어오며, 만일 자기의 공부 시간이 아니면 방에 앉아 공부를 복습하다가 저녁 검사를 치르고 소등 나팔을 불면 일제히 취침하더라.

이 위에서 말한 바는 병학생들이 여름을 지내는 정형이며, 8월 그믐이 되면 또 각각 자기들이 살던 곳으로 돌아간다. 흔히 스쿨보이로 들어가 한 주일에 2원이나 혹은 3원씩 받고 일하여 이것으로 지필도 사고 의복도 마련하니 그 구차한 것이 자못 많으나 그 자격은 장차 독립전쟁의 지휘관이라. 누런 얼굴 한신韓信이 어찌 회음성 하에 밥 얻어먹던 사람이 아니리오.

이 글은 박용만이 1911년 5월 3일 대한인국민회 기관지 『신한민보新韓民報』에 기고한 「소년병학교 학생들의 생활」이란 글이다. 이를 토대로 한인소년병학교의 하루 일과를 당시 미국 군사고등학교에 비교하여 구성해 보면 다음 표와 같다.

한인소년병학교의 하루 일과

시간	일과
06 : 00	기상 나팔
06 : 05	검사, 세수
06 : 30	아침식사
07 : 00	농사(시간당 20~25센트 지급)
12 : 15	회식 나팔, 점심
12 : 40	자율시간(운동, 놀이, 휴식)
13 : 40	공부(2시간)
15 : 00	취군 나팔, 군사훈련
18 : 00	취식 나팔, 저녁
19 : 00	운동(공차기, 달리기, 씨름, 총쏘기, 풍류치기, 나팔 불기 등)
20 : 00	교과공부
21 : 00	취침 나팔
21 : 30	소등

※안형주, 「박용만과 한인소년병학교」, 2007, 지식산업사, 166~168쪽

    한인소년병학교 생도들은 오전에는 농장에서 일하고, 오후에는 군사훈련을 받았으며, 저녁에는 교실에서 수업을 하였다. 오전에 5시간씩 농사일을 하여 가을학기 학비를 장만하였으며, 군사훈련은 가장 더운 오후 3시부터 2시간 30분간 실시하였다. 그리고 휴식과 오락시간은 1시간 정도였다.

    한인소년병학교 수업 이수 과목은 한국어를 비롯한 영어와 일본어는 물론 한국역사와 미국역사를 비롯한 혁명사 등이었고, 이 중 군사훈련에 필요한 각국의 지리와 과학, 그리고 군사훈련 과목이 주를 이루었다. 이 과목들은 미국 대학에서도 학점으로 인정되어 동일 과목을 소년병학교에서 이수한 경우, 다른 과목으로 대체 인정해 주기도 하였다. 특히

한인소년병학교 이수 과목

교과목	과목별 분류	교사진	교과목	과목별 분류	교사진
국어 국문	문법 1등 2등	홍승국 김홍기	영어 영문	문법 1등 2등	박처후 양긍묵
	작문 1등 2등			작문 1등 2등	
	문학			문학	
한어 한문	한어 회화	신형호	일어	문법회화	박원경
	한문 작문	박장순			
수학	산술 1등 2등	백일규	역사	조선역사 1등 2등	이종철
	대수 1등 2등			미국역사 1등 2등	
	기하 1등 2등			열국혁명전사	
지지	만국지지	정희원	성서	구약 1등 2등	로이스
	조선지지 1등 2등			신약	
	군용지지 1등 2등				
이과학	식물학	이용규 이명섭	병학	연습과: 도수조련, 집총조련 / 소중대 편제 / 야외조련, 사격연습	이종철 정희원 이걸
	동물학 1등 2등			병서과: 보병조련, 군대내무서 / 육군예식, 군인위생 / 군법통용, 명장전법	
	물리학 1등 2등				
	화학 1등 2등				
	화학측량법				

※ 김도훈, 「미 대륙의 항일무장투쟁론자 박용만」, 독립기념관, 55쪽

네브래스카주립대학은 군사훈련을 필수과목으로 이수하게 되어 있었는데, 한인소년병학교를 졸업한 경우 3년간 하기군사훈련을 받았기 때문에 이를 면제해 주는 등 사실상 소년병학교 교과를 정식 과정으로 인정해 주었다.

이러한 정규 과정 외에도 과외 활동이 있었다. 대표적으로 육상반·야구반·연극반이 있었다. 이 중 재미한인들이 '격구擊毬'라고 불렀던 야구

소년병학교 야구반(앞줄 맨 오른쪽이 유일한)

는 한인소년병학교 생도들에게 인기가 있었다. 해외 한인사회에서 처음 생긴 한인 야구팀이었다. 유일한도 야구부에서 활동하며 이관수와 함께 뛰어난 실력을 뽐냈다. 1910년 야구반에서 유일한은 박길용·정양필·김용성·홍승국·이관수 등과 함께 활동하였다. 1911년에는 한인소년병학교 야구팀이 헤이스팅스고등학교팀·헤이스팅스향토방위대팀과 시합하여 모두 이길 정도로 뛰어난 실력을 갖췄다. 이때 유일한도 참여하였을 것으로 보인다. 한인소년병학교 야구팀은 피부색과 유니폼이 황색이었던 관계로 '브라우니스Brownies'로 불렸다. 한인소년병학교 야구팀은 1912년 15게임을 벌여 12승 1패 2무승부를 거둘 정도로 실력이 뛰어났다.

이외에도 한인소년병학교 학생들은 일요일에는 장로교에서 마련한 주일학교에서 예배를 보았다.

1912년 소년병학교 야구팀

주무원(코치) 박용만	판단원(주심) 정희원	서기(기록) 이종철
투구인(투수) 조오홍	수구인(포수) 김용성	거구 김용성
1루수 유일한	2루수 정양필	3루수 이병섭
중견수 한시호	우익수 홍승국	좌익수 박재규
조수 (1루수) 김경배, (2루수) 박길용		

대학생활과 반려자와의 만남

1914년 고등학교를 졸업할 무렵, 유일한은 아버지로부터 한 통의 편지를 받았다. 고등학교까지 마쳤으니 귀국하여 가정을 돌보라는 내용이었다. 이때 부친은 북간도 룽징에서 독립운동을 하던 시기로, 재정적으로 곤란을 겪고 있던 때였다. 귀국 문제를 고민하던 유일한은 결국 은사恩師를 찾아가 고민을 털어 놓았다. 상의 끝에 대학 진학을 1년 미루는 대신 아버지에게 돈을 부쳐주기로 하였다. 은사는 돈이 없는 유일한을 위해 은행에 보증을 서며 100달러를 빌려 아버지에게 송금하도록 도움을 주었다. 남은 것은 유일한이 은행에서 빌린 돈 100달러를 갚는 일이었다. 당시 100달러라면 한국에서 몇 년을 벌어야 하는 돈이었다. 빌린 돈을 갚기 위해 대학 진학을 1년 미룬 유일한은 미시간주 디트로이트Detroit에 있는 에디슨변전소에 취직하였다. 그리고 특근은 물론 대리 숙직, 시간 외 근무 등을 통해 최대한 돈을 벌어 빌린 돈을 갚았다. 강도 높은 노동을 하면서도 1915년 디트로이트의 캐스 테크Cass Tech를 다녔다. 캐스 테크는 캐스기술고등학교Cass Technical High School의 약칭이며, 디트로이트의 공립학교로서 4년제 대학 진학을 준비하는 고등학교였다.

1916년 가을 유일한은 디트로이트 부근 앤 아버Ann Arbor에 위치한 미시간대학교University of Michigan 상과商科에 입학하였다. 미시간대학교는 1817년 설립된 미국 최초의 공립학교로서 이스트 랜싱East Lansing에 위치한 미시간주립대학교Michigan State University보다 앞서 설립된 학교였다. 미시간대학교는 후일 케네디 대통령이 미국 '중서부의 하버드'라는 평가를 내릴 정도로 명문대학이었다. 현재도 미국에서는 하버드대학 등 사립 '아이비 리그'라 불리는 대학들과 견주어 '버클리대학, UCLA대학, 버지니아대학' 등과 함께 '퍼블릭 아이비Public Ivy'로 불리는 유수有數한 대학이다. 당시 상과는 오늘날의 경영학과와 같은 학과로서 이론보다는 실무 과정을 중심으로 가르쳤고, 회계학이 중심되는 과목이었다. 대학 졸업 후 유일한이 취직한 것도 회계사 자격을 인정받은 것이 컸다고 한다. 그러나 현재 미시간대학교는 공립학교임에도 불구하고 등록금이 비싼 것으로 알려져 있다. 따라서 유일한이 싼 등록금 때문에 미시간대학교를 선택한 것만은 아닌 것 같다. 미시간대학교 미식축구팀이 지금도 유명 팀으로 손꼽히는 것으로 볼 때, 오히려 고등학교 시절 미식축구 선수로 네브래스카주에서 이름을 떨친 것이 대학 입학에 유리하게 작용하지 않았나 싶다.

여하튼 유일한은 대학에서도 학비와 생활비를 직접 벌어 생활해야만 했기에 전기회사나 중국요리집 등에서 일하였다. 그러던 중 대학 부근에 다수의 동양인, 그중에서도 중국인이 많이 거주한다는 점에 착안하여 중국인들을 대상으로 상품을 판매하기로 마음먹었다. 이는 자신 또한 어린 나이에 외국에 살다보니 자연스레 한국을 그리워하는 향수鄕愁가 있다는 것을 느낀 탓이었다. 이에 중국인들이 좋아하는 물건인 손수건·우단羽緞(벨벳)·카펫 등을 짊어지고 직접 중국인들을 찾아다니며 팔아 학비를 마련하였다. 또한 미시간대학 입학과 함께 미시간주 입실란티Ypsilanti에 있는 주립교육대학Michigan State Nomal School도 다니며 초등학교 교사자격증을 취득하기도 하였다.

대학시절 유일한은 유난히 중국학생들을 많이 사귀었다. 유일한은 중국학생들과 사귄 것을 계기로 한중학생회韓中學生會를 창립하고 회장을 맡아 활동하는 등 중국인 사이에서도 관심을 끄는 학생으로 활동하였다. 이러한 인연으로 처음 치의학과에 다니던 중국 여학생을 알게 되었다. 이 중국 여학생은 윤치호尹致昊의 중국인 부인 마애방馬愛芳의 조카로서 일명 '미스마'로 불렸다. 마애방 조카의 소개로 자신보다 한 살 어린 중국 여학생을 만나게 되었는데, 그 여학생이 후일 유일한의 아내가 되는 호미리胡美利(영어명 Mary)였다.

호미리는 콜로라도주 덴버에서 태어났으며, 그의 집안은 덴버에서 재산과 덕망을 지닌 가정으로 인정받았다. 아버지 호서념(또는 호광영)은 중국 광둥廣東 출신으로 미국 서부철도 건설회사 중역으로 일하였다. 후일 호미리의 남동생은 상하이上海에서 백화점을 운영하였으며, 호미리의 여동생은 난징대학南京大學 교수가 되는 등 국제적으로 활동하는 명문가 집안이었다. 특히 『동아일보』 1927년 11월 24일자 기사에는 호서념이 한국과 특별히 친해 3·1운동 당시 물질상·정신상 많은 보조를 하였다고 한다.

미시간대학 졸업 모습(가운데가 유일한)

유일한은 호미리와 사귀었다. 그런데 호미리가 미시간대학에서 학부를 마친 뒤, 의과대학에 진학하기 위해 미국 뉴욕주 이타카Ithaca에 있는 코넬대학교Cornell University에 입학하였다. 코넬대학은 미국의 명문대학 중 하나인데다, 미국에서 의과와 법과는 학부를 마친 뒤 대학원 과정부터 시작하게 되었으므로 학부 성적이 우수해야만 입학이 허락되었다. 때문에 유일한은 장래가 촉망되는 호미리를 코넬대학으로 떠나 보내야만 했다. 졸업 후 호미리는 소아과 전문의 자격증을 취득하였는데, 이 자격증은 미국 최초로 동양인 여성이 취득한 것이라 한다. 1925년경 유일한과 호미리는 결혼하였다. 이 둘의 결혼에 대해 호미리 집안에서는 크게 반대하지 않았으나, 간도에 거주하던 유시연은 장남의 국제결혼을 달가와하지 않았던 것 같다.

한인자유대회 참가

1919년 3·1운동이 일어났다는 소식이 미주 한인들에게 전해진 것은

3월 9일이었다. 상하이에 있던 현순玄楯이 미주 대한인국민회大韓人國民會 중앙총회장 안창호安昌浩에게 전보로 알린 것이다. 이에 안창호는 이 사실을 서재필徐載弼·이승만·정한경, 그리고 대한인국민회 각 지방회에 전보로 알렸다. 대한인국민회 중앙총회는 3월 15일 북미·하와이·멕시코·쿠바를 포함한 미주 전체 대표회를 개최하여 13개 항목의 운동방침을 의결하였다. 13개 항목 중에는 서재필을 외교고문으로 임명하여 필라델피아Philadelphia에 외교통신부를 설치한다는 것과 이승만을 필라델피아로 보내 서재필을 협조하게 할 것 등의 내용이 들어 있었다.

3월 24일 서재필·이승만·정한경은 3인의 공동 명의로 3·1운동에 호응하고 한국의 독립을 세계 각국에 알리기 위해 4월 초 펜실베이니아주 필라델피아에 모일 것을 요청하는 이른바 '대한인총대표회 청첩'을 발송하였다.

미주 동편 몇 지방의 동지가 수차 의논한 결과로 4월 14일부터 16일까지 필라델피아 성에서 북미대한인연합대회를 열고 미국의 각 사업계·교회계·신문잡지계의 모든 단체적 대표될 만한 신사숙녀를 다수히 청하여 방청으로 참여케 하고, 서재필 박사와 다른 고명한 웅변대가로 국어와 영어로 연설하여 대한독립 선고의 주의를 발표하며 … 우리가 독립을 회복한 후에는 공화정체를 쓸 것과 외교·통상·선교 등에 있어 국제상 책임을 다하며 동양평화와 만주개방을 보호한다는 뜻을 공포하며 … 마지막 날에는 다수한 미국 동지자들로 합동하여 이 도성(필라델피아)에 큰 길로 국기를 받치고 행렬하여 독립관에 가서 큰 연설과 축사와 만세로 폐회할 터이외다.

한인자유대회에 참석한 대표들(맨 오른쪽이 이승만)

대한민국임시정부 수립 직후인 1919년 4월 14일부터 16일까지 3일간 필라델피아 델란시 17번지 리틀극장The Little Theatre에서 이른바 '제1차 한인회의The First Korean Congress'가 개최되었다. 이 대회는 자료에 따라 '대한인총대표회의', '북미대한인국민자유대회', '북미대한인국민연합대회' 또는 '한인회의', '국민의회國民議會', '한인자유대회韓人自由大會' 등으로 일컬어지며, 학계에서는 통상 '한인자유대회' 또는 '한인회의' 등으로 칭한다.

이 대회에 참석한 인원은 대략 140~150명 정도였다. 이 '청첩'에서는 이 회의가 미국 동부지역에 거주하는 한인들을 중심으로 이루어졌다고 설명하고 있다. 그러나 캘리포니아에 본부를 둔 대한인국민회에서도 이 회의에 민찬호閔燦鎬·윤병구尹炳求 두 사람을 파견하였고 이대위李大爲 역시 이 회의에 참석하는 것으로 볼 때, 서재필·이승만·정한경 등이 미국 동부 지역 교민들과 회의를 주최한 뒤 각지에 대표 파견을 요청한 것으로 생각된다. 이 대회 의사록은 1972년 독립운동사편찬위원회에서 간행한 『독립운동사자료집』 4집에 「제1차 한국의회(의사록)」란 제목으로 자세히 실려 있다.

한인자유대회 개최장소를 필라델피아로 선택한 것은 이곳이 미국 독립의 발상지라는 상징적 의미와 함께 서재필이 이곳에 자리를 잡고 정치·종교계 인사들과 활발한 교류를 하고 있었다는 점이 반영되었다. 한인자유대회에는 서재필과 이승만을 비롯하여 민찬호·이대위·천세헌千世憲·조병옥趙炳玉·임병직林炳稷·김현구金鉉九·임초林超·윤영선·강영대·김노디Nodie Dora Kim, 그리고 대학교 졸업반 유일한도 한인소년병학교 출신 정한경과 함께 참가하였다. 대부분 기독교인과 유학생들이 중심을 이루었다. 이외에도 미국 종교계에서는 교회 목사, 로마가톨릭교 신부, 대학 학장, 유대교 랍비, 대학 교수 등이 참석하여 격려하였다.

첫날인 4월 14일 회의는 영어로 진행되었고, 회의 명칭을 영어로 'The First Korean Congress'라고 하였다. 이렇게 명칭을 정한 이유는 1774년 9월 미국(아메리카) 식민지 대표가 필라델피아의 독립기념관에서 회의를 갖고 영국의 식민지 지배로부터 독립을 협의한 이른바 '제1차 대륙회의The First Continental Congress'를 본뜬 것이었다. 오전 임시의장 서재필의 개회선언 뒤, 정식의장으로 서재필을 만장일치로 선출하였다. 이어 간사에 임병직B. C. Lyhm·김현구Henry Kim·장기한Kiyhan Chang을 선출한 뒤, 5개의 준비위원회를 구성한 다음 각 위원회별로 기초起草 작성 위원을 선출하였다.

유일한은 「한국 국민들의 (독립에 대한) 목적과 열망을 석명釋明하는 결의문」 준비위원회의 기초작성위원으로 김현구·우 조앤과 함께 선출되

5개 준비위원회	기초 작성 위원
한국 국민이 미국국민에게 보내는 호소문	이승만, 이대위(Charles L. Lee), Y. N. Park
대한민국임시정부에 보내는 메시지	민찬호(C. H. Min), 정한경(Henry Chung), 천세헌(S. H. Chunn)
한국 국민들의 목적과 열망을 석명하는 결의문	유일한(Ilhan New), 김현구(Henry Kim), Joan Woo(여성)
일본 국민들에게 보내는 결의문	윤병구(P. K. Yoon), 임초(Cho Lim), 김노디
워싱턴의 적십자사 본부에 보내는 호소문	이승만, 이대위, 정한경, 서재필

었다. 오후 회의가 시작되자 「대한민국 임시정부에 보내는 메시지」, 「한국 국민이 미국 국민에게 보내는 호소문」이 발표되어 통과되었다. 이어 「한국 국민들의 목적과 열망을 석명하는 결의문」이 발표되었다. 민찬호가 유일한에게 결의문 낭독을 부탁하자, 유일한은 10개조의 결의문을 발표하였다.

의장 각하! 그리고 의회 대의원 여러분! 제1차 한국독립연맹Korean Independence League은 서방 세계에서 미국의 구상을 인식하고, 이 나라와 다른 어느 곳에든지 자기들의 목적을 구체화하고 열망을 명확히 하는 것이 한국인들을 위해서 필요하다는 사실을 실감하고 있으므로, 우리는 이를 감안하여 여러분의 승인을 얻기 위해 다음과 같은 결의문을 기초하여 제출합니다. 이제 나는 그것을 낭독하겠거니와 읽는대로 채택되도록 추천될 것을 부탁하겠습니다.

(1) 우리는 정부가 바로 피치자被治者로부터 나오는 권력에서 유래하는 것이라고 믿고 있다. 그러므로 정부는 피치被治 민중의 이익을 위해서 인

도되지 않으면 안되는 것이다.

(2) 우리는 가능한 데까지는 대중의 교육과 일치하는 미국에 뒤따른 모형의 정부를 가질 것을 제의한다. 다음 한 10년간은 정부가 보다 중앙집중적인 권력을 갖는 것이 필요하겠지만, 민중들의 교육이 증진되고 자치의 기술에 보다 많은 경험을 가짐에 따라 그들은 정부의 행정업무에 보다 일반적으로 참여하는 것을 허용받을 것이다.

(3) 그러나 우리는 지방 및 지역의 입법의원을 선출하는 만유萬有의 선거권을 부여하고, 지방 입법의원은 국가의 입법의원에 보낼 대의원을 선출할 것을 제안할 계획이다. 국가 입법의원[국회의원]은 정부의 행정부처와 동등한 권한을 가지며, 국법을 제정할 국회 단독의 권한을 가지며, 오직 그들이 대표하는 민중들에게 책임을 진다.

(4) 행정부처는 대통령·부통령 및 각원閣員들로 구성되며 그들은 국회 National Legislature가 제정한 모든 법률을 실행한다. 대통령은 국회의원들에 의해서 선출될 것이며, 대통령은 내각의 장관, 도지사 및 외국에 파견되는 사절을 포함하는 기타의 중요한 행정부 관리를 임명할 권한을 갖는다. 대통령은 외국과의 조약을 체결할 권리를 가지며, 국회의 상원upper house의 인준을 받아야 한다. 대통령과 그의 내각은 국회에 책임을 진다.

(5) 우리는 신앙의 자유를 믿고 있다. 그와 같은 가르침이 나라의 법률이나 또는 이익에 저촉되지 않도록 규정하는 범위 안에서는 어떠한 신앙이나 또는 교리도 이 나라 안에서 자유롭게 가르치고 설교할 수 있을 것이다.

(6) 우리는 세계의 모든 국가들과의 상역商易의 자유를 믿으며, 모든 체약국締約國의 시민과 신민臣民들에게 그들과 한국 국민들 간의 상업 및 공업을 증진할 공평한 기회와 보호를 허용할 것이다.

(7) 우리는 다른 어떠한 정부정책의 활동보다도 더 중요한 것으로서 민중의 교육을 믿는다.

(8) 민중의 건강은 치자治者들이 첫째로 고려할 일의 하나로서, 우리는 과학적인 감독 하의 현대적인 건강 증진을 믿는다.

(9) 우리는 자유로운 언론과 자유로운 출판을 신봉한다. 사실상, 우리는 공평한 기회, 합리적인 경제정책, 세계 각국과의 자유로운 교역 등 전체 국민의 생활의 제한없는 발전을 위해 가장 유망한 여건을 형성시키는 민주주의의 기본 원칙에 전적으로 따르고 있다.

(10) 우리는 그와 같은 행위나 발언이 다른 민중의 권리를 침해하지 않거나 또는 국가의 법률이나 이익에 저촉되지 않는 규정 안에서의 온갖 일에 대한 행동의 자유를 신봉한다.

마지막으로 유일한은 "우리 모두 우리에게 생명이 남아 있는 한 최선의 노력으로 이들 중요한 점들을 실행할 것을 신성한 말로 서약합시다"라고 하며 끝을 맺었다. 이어 민찬호가 이 결의문을 제출한 그대로 채택할 것을 동의하였고, 몇 사람의 대의원도 찬성과 지지를 보냈다. 그러나 의장 서재필이 이에 대해 좀 더 신중할 것을 요청하는 발언을 하였다.

이것은 우리가 충분히 토의해야 할 명제입니다. … 이것은 대한민국의 결의문은 아니지만 이 의회의 결의문입니다. 그리고 여러분들이 취하고 있는 행동은 어떤 경우이든 이 단체는 한국 민중이 무엇을 열망하고 있는가를 지적하여 세계에 나타내고 있기 때문에 세계를 향한 하나의 중요한 일입니다. 나는 지금 이 회의에 자리하신 여러분들 가운데 상당수의 분들이 어느 때엔가는 한국의 재건에 주도적 역할을 하게 될 것임을 알고 있습니다. 나는 그 결의문의 특징이 무엇이며, 그리고 그것이 오늘이나 또는 내일뿐만 아니라 뒤에 올 세대世代의 한국 국민들의 생활에 어떤 효과를 미칠 것인가를 고려하여 이 결의문의 구절句節구절을 극히 조심스럽게 넘어가 주셨으면 하고 생각합니다. 우리가 여기에서 하고 있는 일은 법에 의한 공식적인 것이거나 또는 헌법에 의한 공무도 아닙니다. 그러나 내 생각으로는, 여러분들이 여러분이 언명하고 있는 이 원칙들을 신봉한다면, 여러분은 그것을 종국에 가서 한국 헌법의 본문에 구체화하게 되기 쉬울 것입니다. 그러므로 나는 여러분 신사숙녀들이 그것을 조심스럽게 낭독하고 그것이 의미하고 있는 바를 숙지하여 여러분과 또 어린이들의 생활에 어떤 영향을 미칠 것인가를 배우기를 원합니다. 한 법률이 실효實效를 발하고 있을 때, 특히 그것이 한 나라의 헌법에 관한 경우, 여러분은 그것을 밤을 새워도 변경시킬 수 없으며, 그것은 많은 생각을 현재뿐만 아니라 장래를 위해서도 요구될 것입니다. 여러분들은 그밖에 아무 것도 할 수 없습니다. 이 결의안 속에 제시된 원칙 중의 하나는 사전에 토의되었습니다. 그리고 어느 것이든 더 깊이 토의하는 것은 누구든지 한국의 헌법 제정에 장래 참여하실 분을 위해서 이로울 것입니다. 그러므로 여러분들이 허락하신다면 나는 여러분들이 이 결의안의 투표를 오늘 실시하지 말고 내일로 연기하도록 권고하겠습니다. 그것은 매우 중요하고 또 영향이 멀리 미치는 문제이기 때문에 나는 여러분들이 이 결의안을 서둘러 통과시키지 말기를 바라는 것입니다.

의장 서재필의 요청으로 결의문 채택은 대회 둘째 날로 연기되었다. 대회 이틀째인 15일 오전 회의에서 「한국 국민들의 목적과 열망을 석명하는 결의문」에 대한 토의가 계속되었다. 이때 이승만이 유일한이 낭독한 결의문을 그대로 채택할 것을 동의하자, 대의원들의 찬성으로 가결되었다. 그리고 의장 서재필의 요청으로 유일한은 소년병학교 출신 김현구와 함께 3·1운동이 일어난 취지와 목적을 미국인들에게 알리기 위한 성명서를 영어로 작성하였다.

3일 간의 한인자유대회를 마친 뒤, 대회 참석자들은 성조기와 태극기를 들고 시내 중심가에 있는 미국 독립의 상징이자 요람으로 불리는 필라델피아 독립회관Independence Hall으로 행진하였다. 이때 유일한은 다른 5명과 함께 대형 태극기를 들고 행진하였다. 또한 필라델피아시의 협조로 말을 탄 기마대와 군악대가 선두에서 시가 행렬을 이끌었다. 일행이 독립회관에 도착하자, 서재필은 이승만에게 한국의 독립선언서 낭독을 부탁하였다. 독립선언서 낭독 후 미국 초대 대통령 조지 워싱턴이 사용했던 책상 앞에서 기념촬영을 한 뒤, 대한민국과 미국을 위해 만세 삼창을 하였다. 마지막으로 참석 대의원들은 줄을 지어 독립회관에 전시된 '자유의 종' 옆을 지나면서 각자 오른손으로 종을 치며 대회를 마무리하였다. 다음 대회는 무기한으로 휴회되었으나, 결국 열리지 않아 한인회

한인자유대회 후 시가행진 모습

의는 1차로 끝을 맺었다. 다만, 한국공보국Korean Information Bureau을 상설 기관으로 설치하여 한국민의 입장과 독립운동 선전 활동을 전개하고 팸플릿도 간행하였다.

이 대회에서 유일한을 비롯한 3인이 작성한 「한국 국민들의 목적과 열망을 석명하는 결의문」은 유일한의 정치사상을 알 수 있는 주요 자료이자 유일한의 사상을 읽을 수 있는 두 개의 자료 중 하나이다. 이 결의문은 「3·1독립선언서」등 이전 선언서와는 달리 독립 이후 국가 건설에 대한 구상이 담겨 있다는 점에서 주목된다. 유일한 등은 이 구상에서 한국의 정부 수립을 민주주의에 입각한 공화정체 국가 건설에 있음을 밝히고 대통령제를 채택하였다. 다만, 대통령을 국회에서 선출하고 대통령과 내각은 주요 사항 결정을 국회의 승인을 얻도록 제시하였다. 국회 구성은 국민들이 지방의원과 도의원을 선출한 뒤 도의원들이 국회의원을 선출하는 방식이었다. 이 구상은 대통령제를 기본으로 한 정부이지만 내각책임제 요소도 가미한 것으로서 미국식 모델을 염두에 둔 것으로 보인다.

또한 2조의 내용은 건국 초기 10년간 정부가 주도하는 중앙집권제를 제시하였다. 이는 기본적으로 당시 한국민의 교육 수준 등을 고려할 때 미국식 민주주의를 당장 실현하기 어렵다는 인식에서 나온 것으로 해석된다. 아마도 대부분 유학생 중심의 모임이었던 탓에 이런 의식이 더욱 강하게 작용한 것으로 보인다. 때문에 이 제안은 대한인국민회가 기관지 『신한민보』를 통해 비판하기도 하였다. 이외에도 종교·언론·출판·교역의 자유를 명시하는 등 향후 건설될 신국가 건설에 대한 유일한의 정치사상을 잘 드러내고 있다.

라초이식품회사 설립

유일한은 1919년 미시간대학교 상과를 졸업하였다. 졸업한 뒤, 특유의 외국인과의 친화력을 바탕으로 1920년 3월 15일 양유찬과 함께 보스턴 각지에서 '한국을 위한 대회'를 주선하여 행사를 개최하였다. 이 행사에 모인 2천여 명의 관중 중 상당수는 중국 학생들이었다. 바로 이 중국 학생들을 규합하는 데 힘쓴 이가 유일한이었다. 이미 대학 시절, 한중학생회 회장을 지내며 중국학생들과 교류한 덕에 영향력을 발휘할 수 있었다. 유일한의 주선으로 2,000여 명 관중 중 보스턴대학, 메사추세츠공과대학(일명 MIT), 하버드대학, 하버드대학과 연락된 여러 신학교, 실업학교에 재학 중인 중국인 학생은 수백 명에 달하였다.

    이때 연사 양유찬이 일제의 만행과 한국의 참상에 대해 연설하였다. 이날의 모임 결과, 참석한 사람들은 한국에 대한 동정과 한국 독립에 대한 결의를 제정하여 미국정부에 보냈다. 또한 보스턴대학 법과 졸업 후 박사과정에서 국제공법國際公法을 연구하는 중국학생은 박사논문으로 「한국과 일본의 관계」를 연구한다고 하면서 1년 넘게 연락하였다. 이 대회가 끝나고 하버드대학 중국유학생회의 초청으로 양유찬은 하버드대학에서도 연설하였다. 연설 내용은 1차 세계대전 이후 한국과 산둥山東반도의 현황을 설명한 뒤 일제를 '악마의 제국'으로 규정하였다. 이처럼 유일한은 양유찬과 함께 재미 중국유학생들을 규합하여 한국의 독립과 일제에 반대투쟁을 전개하는 여론 형성에 앞장섰다. 1920년 가을에는 구미위원부歐美委員部에 20달러를 후원하기도 하였다. 이러한 활동 등으로 1921년 2월 조선총독부 경무국장은 일본 외무차관 앞으로 「구미歐米 재류주의선인명부在留注意鮮人名簿 송부의 건」이란 문서를 발송하면서 유일한의 본명인 '유일형'을 요주의要注意 한인으로 보고하였다. 그러나 일제가 파악한 유일한의 보고 내용은 네브래스카주 거주에 헤이스팅스학교를 다닌 정도로 소략하다.

    대학 졸업 후 유일한이 생계를 위해 처음 취직한 곳은 미시간 중앙철도회사였으며, 전공을 살려 회계사로 일하였다. 그 후 다시 자리를 옮겨 취직한 곳이 뉴욕에 본사를 둔 제너럴 일렉트릭General Electric 회사였다. 제너럴 일렉트릭(약칭 G·E)은 1878년 발명가 에디슨Thomas A. Edison이 전기조명회사인 에디슨 제너럴 일렉트릭회사를 설립한 뒤 1892년 톰슨휴

스톤전기회사와 합병함으로써 창립된 회사이다. 이 회사는 지금도 세계 최대의 글로벌 인프라 기업으로 활동하고 있다. 따라서 동양인 최초로 G·E에 입사한 유일한은 부러움의 대상이 되었다.

이러한 직장을 유일한은 몇 년이 되지 않아 그만두었다. 직장 생활보다는 자신이 직접 사업을 하기 위해서였다. 일설에는 이즈음 G·E에서 중국과 동양 책임자의 중책을 유일한에게 맡기려 하였으나, 유일한이 거절한 것으로 알려져 있다. 유일한이 사업으로 주목한 것은 대학 시절 아르바이트를 하며 눈여겨 보았던 '찹수이雜碎'였다. 찹수이란 일종의 중국식 잡채로, 미국인 입맛에 맞게 튀긴 국수와 각종 야채, 그리고 고기를 함께 볶아 만든 음식이다. 1896년 청나라 리훙장李鴻章이 청일전쟁 패전 이후 러시아와 유럽을 거쳐 미국을 방문한 적이 있었다. 리훙장이 대대적인 환영과 언론의 주목을 받자, 미국에 살던 화교華僑들은 리훙장이 가장 좋아하는 음식이 찹수이라고 선전하였다. 이러한 홍보 덕분에 찹수이는 1920년대 미국인이 즐겨 찾는 대표 중국음식으로 자리잡았다. 그러나 찹수이가 이렇게 미국식 대표 중국음식으로 자리잡게 된 이면에는 미국인들이 맛볼 수 있도록 싸고 간편한 음식으로 보급한 한인들이 있었다. 한인들은 한국보다 먼저 미국으로 진출한 화교들이 거주하는 곳으로 찾아가 그들을 대상으로 중국음식 도매업을 시작하였다. 따라서 차이나타운 부근에는 거의 한인촌이 있었다.

그런데 이 찹수이에 반드시 들어가는 재료 중 하나가 바로 숙주나물이었다. 녹두綠豆가 원료인 숙주나물의 가장 큰 문제는 쉽게 상하는 것이었다. 따라서 숙주를 쉬지 않도록 하는 것이 사업의 관건이었다. 중국요

릿집에서 아르바이트를 한 바 있어 이를 잘 알고 있던 유일한은 숙주를 신선하게 유통시키는 방법을 개발하기 시작하였다. 그 결과 유리병에 숙주나물을 키워 판매하였다. 이 상품은 처음 반응이 좋았으나, 신선도 유지와 비싼 가격 때문에 그 호응이

라초이식품회사 건물

오래가지는 못하였던 듯하다. 몇 번의 실패 끝에 유일한은 1만 5,000여 달러라는 엄청난 돈을 투입하여 통조림으로 개발하는 데 성공하였다. 호미리의 제안으로 이루어졌다고 하는 이 통조림 제품은 대학동창 웰리 스미스Wally Smith 집안에서 경영하는 식품체인점을 통해 판매하였다. 이 통조림이 중국음식점뿐 아니라 미국 가정에서도 큰 호응을 얻기 시작하자, 유일한은 숙주뿐 아니라 찹수이 자체를 통조림으로 개발하려고 노력하여 갖은 실험 끝에 통조림으로 개발하는 데 성공하였다.

그러나 새내기 사업가를 눈여겨보는 사람이 없자, 유일한은 통조림을 차에서 떨어트려 이를 본 기자들이 소개하도록 하는 방법을 썼다. 이로 인해 미국인 특히 숙주나물을 조리하여 먹는 중국계 미국인들의 관심을 끌 수 있었다. 통조림 판매가 호조를 보이자, 그에 필요한 숙주나물을 기를 전문가를 비롯하여 음식을 만들 동양인들이 많이 필요하였다. 이때 회사에 초빙한 인력이 한인소년병학교 생도였던 정양필과 조오흥, 한인소년병학교 후원인으로 농장 경험이 풍부한 안재창이었다. 그러나 이들 3인은 대우가 시원치 않자, 1922년 디트로이트에 정안합자회사鄭安

라초이식품회사 제품

合資會社를 세워 찹수이 도매상을 하였다.

1922년 유일한은 디트로이트에서 웰리 스미스와 동업으로 숙주나물과 찹수이를 통조림으로 제조하는 라초이식품주식회사 La Choy Food Product Inc.를 설립하였다. 사장은 스미스, 판매 담당 부사장은 유일한이 맡았다. 이후 사업이 번창하여 통조림은 디트로이트와 시카고는 물론 펜실베이니아와 뉴욕까지 알려지며 주문이 쇄도하였다. 1923년 7월에는 디트로이트 신문에 "동양의 신비를 맛보려면 라초이회사의 상품을 구입합시다" 등의 광고 선전을 하기도 하였다. 이에 대한 보상으로 유일한은 많은 주식을 받고 1925년까지 50여만 달러의 거금을 벌었다. 라초이회사는 다른 사람에게 넘어갔으나, 지금도 미국 내에서 그 명성을 유지하며 통조림 제품을 팔고 있다.

유한양행 설립과 경영

20여 년 만의 귀국

라초이회사는 성공을 거두어 1927년 당시 자산 규모가 200만 달러에 이를 정도로 성장하였다. 사업이 번창하자, 유일한은 1924년 11월 한국을 방문하였다. 이때『동아일보』는 1924년 11월 24일자「조선식료품 세계시장에 소개한 미국 상과대학 출신 류일형柳一馨 씨, 수일 전 미국으로부터 입경入京」이란 기사를 통해 다음과 같이 소개하고 있다.

일전에 미국으로부터 명사 류일형柳一馨 씨가 입경하여 지금 조선호텔에 체재 중인데 씨는 여러 해 전에 중국 길림吉林지방에 이주하였다가 미국에 건너가 미시간대학 상과商科에 들어가 다년 상학을 전심 연구하다가 졸업한 뒤에 세계시장에 조선상품을 소개코자 디트로이트시에서 조선 간

(간장 - 필자 주)과 숙주나물을 팔기 시작하여 마침내 큰 이익을 얻어 얼마 전에 그 사업을 주식회사株式會社로 조직 변경하여 가지고 온 아메리카 식료품계에 많은 환영을 받아 오던 터인데 그 회사의 주주도 대부분이 미국 사람들인데 장래도 매우 유망한 사업이라 하며 간장같은 조선식료품을 세계시장에 소개하게 됨은 씨가 처음이라.

1924년 유일한이 한국을 방문하였다는 자료는 이 기사가 유일하다. 위 기사를 보면 유일한을 본명인 유일형으로 소개하면서 지린吉林에 거주하다가 미국 미시간대학을 나온 것으로 적고 있다. 물론 이 기사는 유일한의 본명 유일형柳一馨을 유일형柳一衡으로 잘못 적고, 그 가족이 지린에 살고 있는 것을 유일한도 가족과 함께 간도로 이주하였다가 미국으로 건너간 것으로 잘못 서술하고 있다. 또한 유일한이 미국에서 국내로 바로 입국한 것처럼 서술되어 있기도 하다.

기존 글들에서는 이때 유일한의 귀국에 대해 다음처럼 설명하고 있다.

유일한은 라초이회사가 안정 궤도에 오르자, 안정적인 녹두 원료공급처를 확보하기 위해 고민한 결과, 중국으로 눈을 돌렸다. 1925년 유일한은 중국 상하이를 방문하여 녹두를 대량 구매하는 계약을 맺었다. 이 즈음 상하이에 있는 대한민국임시정부를 방문하였다. 이후 유일한은 미국으로 곧바로 귀국하지 않고 일본 나가사키長崎를 거쳐 한국으로 들어왔다. 그러나 나가사키에서 유일한을 관찰한 일본 경찰은 유일한이 서울에 도착하자, 체포하여 조선총독부 경무국 고등계로 인계하였다.

경무국 고등계에 인계된 유일한은 신문을 받았다. 그러나 어릴 적 한국을 떠나 20여 년간 미국에서 생활한 유일한이 일본어와 한국어를 알아들을 리 만무였다. 이에 경무국에서는 수소문하여 통역을 불렀다. 이 통역이 경성세관 서무주임 예동식芮東植이었다. 예동식의 통역으로 고등계 형사의 질문에 유일한은 아홉 살 때 미국으로 건너갔기 때문에 한국말과 일본어를 할 수 없어 영어로 말할 수밖에 없다는 것, 대학교 졸업후 식품회사를 차려 사업을 한다는 것, 이번 귀국은 제품 원료인 녹두를 구매하기 위해 중국에 들렸다가 북간도에 있는 가족을 만나기 위해 한국으로 들어왔다는 것, 이후 북간도로 가서 가족을 만난 후 미국으로 건너갈 것이라고 하였다. 이에 고등계 형사가 중국에서 곧바로 간도로 가지 않은 사실을 추궁하였다. 이 질문에 유일한은 오히려 한국을 통해 북간도로 가는 것이 더 빠르며 고국에 한번 와보고 싶었다고 말하였다.

이 일을 계기로 예동식은 후일 유일한과 함께 유한양행 설립에 참여하여 부사장까지 오르게 된다. 풀려난 유일한은 중국으로 건너가 아버지를 비롯한 가족을 만났다. 그러나 20여 년 만에 만난 아들과 아버지, 그리고 가족은 반가움은 있었겠으나 세월만큼의 격차도 있었다. 더구나 유일한이 한국말도 서툴러 의사 소통조차 제대로 되지 않았던 것과 문화와 사고의 차이로 인해 더욱 그러했을 것이다. 이때 유기연은 마지못해 호미리와의 결혼을 허락하였으나, 라초이회사의 사업은 콩나물 장수라고 하시며 반대하셨다 한다.

그런데 필자는 이와 관련된 자료를 앞에서 언급한 『동아일보』 관련 기사 외에는 찾을 수 없었다. 그럼에도 기존 연구에서는 대부분 이 이야기를 다루고 있기에 언급해 둔다. 그러나 유일한이 한국을 방문한 것은 1925년이 아니라 1924년 11월이며, 예동식은 1931년 당시 경성세관에서 근무하던 것으로 확인될 뿐이다. 다만, 1950년 간행된 『대한민국인사록』 91쪽 예동식 조를 보면, 학력은 경성상업장수학교 전문과 졸업, 그 외 이력은 유한양행을 비롯한 회사 경력만 나와 있다. 경성상업장수학교도 경성상업전수학교 또는 경성상업실수학교의 오류로 보인다. 또한 유일한이 1904년 아홉 살에 한국을 떠났다고 했지만 열 살 때인 1905년 9월 미국에 입국하였으며, 경무국 고등계라는 관직도 1924년 총독부 직원록을 보면 총독부 경무국 고등경찰과로 되어 있음을 밝혀 둔다.

유한주식회사 설립

중국과 한국을 방문한 뒤 유일한은 다시 미국으로 돌아갔다. 서재필에 따르면 유일한은 중국과 한국에서 상업 시찰을 하고 돌아올 때 '각 방면에 사업계 연락을 지어놓고' 돌아왔다고 하였다. 따라서 유일한은 단순히 녹두와 콩만을 수입하기 위해서가 아니라 한국과 미국 간에 수출과 수입 사업에 타당성 검토를 위한 시찰도 겸하고 있었던 것으로 보인다.

 1925년 미국으로 돌아와 곧바로 라초이식품회사와는 다른 회사 설립에 착수하였다. 새로 설립할 회사의 목적에 대해 "상업으로야 국가도 건지고 개인도 살리는 것이외다. 그러한 까닭에 상업이 발달치 못한 국가는 미개한 나라이오 상업을 모르는 개인은 빈한한 사람이외다. 이것을 자각한 우리는 무엇보다도 상업에 대하여 주의하고 노력하며 일하는 것이 우리들의 활로가 되리라고 합니다"라고 하면서 회사를 조직한다고 하였다. 그 결과 1925년 5월 자신의 이름을 딴 유한주식회사柳韓株式會社(New Il-han & Company Inc.)를 설립하였다. 『신한민보』 1925년 4월 30일자 기사에 의하면 유일한이 동양(중국과 한국)의 상업을 시찰하고 돌아온 뒤, 서재필을 비롯한 정한경·이희경 3인에게 회사 설립을 제의하여 동의를 받아냈다고 한다. 서재필은 이미 1919년 필라델피아 한인자유대회에서 만난 바 있고, 정한경과 이희경은 평남 순천 출신으로 유일한과 함께 한인소년병학교에서 군사훈련을 받던 인물로 친분이 있던 사이였다. 이들 3인의 동의를 얻어 유한주식회사를 발기한 유일한은 이들 3인 외에 미국인 사업가 몇 사람, 중국인 사업가 1명과 함께 서재필이 거주하고 있던 필라델피아에서 주식회사 관허官許를 받았다. 이때 총 자본금은 2만 5,000달러로 정하였다. 본부 사무소는 필라델피아에, 지부는 디트로이트에 두기로 하였다. 필라델피아에는 서재필이, 유일한은 디트로이트에 거주하고 있던 까닭이었다.

   유한주식회사의 영업 목표는 한국 상품을 미국으로 수입하고, 미국 약품과 화장품 등을 한국에 수출하고자 하는 것이었다. 수입물품은 한국의 '꽃돗자리'라 불리는 화문석花紋席과 모피毛皮·차·피물皮物(짐승가죽)·마물麻物(린넨) 등이었고, 수출물품은 미국의 화장품·약품·기계 등이었다. 주식은 1주당 10달러였으므로 총 주금 2만 5,000달러를 마련하려면 2,500주를 판매해야 했다. 그런데 1925년 4월경 이미 발기인으로 참여하여 응모된 주식수가 1,700주였으므로 800주만 남은 상태였다. 마감 시한은 6월 15일까지였으며, 한 주주에게 10주 이하는 불허하였다. 출자出資 기한은 3차로 나누어 1차분은 신청 총액의 절반을 납입하고, 2차분은 나머지 총액의 1/4을 9월 15일까지, 3차분은 잔액 총액의 1/4을 12월 15일까지 납입하도록 하였다. 물론 가장 많은 투자는 유일한이 하였지만, 서재필·정한경·이희경도 투자하였다. 유한주식회사 사장은 서재필, 부사장은 정한경, 전무는 이희경에게 맡도록 하였다. 유일한은 발기시 서재필에게 사장 자리를 제의한 바 있으므로 약속을 지킨 것이다. 유일한은 1925년 5월 뉴욕과 시카고 등지로 이희경과 함께 출장을 다녔다. 유한주식회사는 1년간 사업이 번창하였다. 본부는 필라델피아에 있었지만, 디트로이트 외에도 중국 상하이·러시아·한국에 특약점을 두고 수입과 수출 업무를 보았다. 또한 각처에 판매원을 파견하여 물건을 판매하여 많은 이익을 남겼다. 특히 중국과 러시아로부터 상품을 구입·판매하여 많은 미국인들의 호평을 받았고, 그에 따라 재구매하고자 하는 사람도 많았다.

사업이 호황을 누리자, 유한주식회사는 1926년 1월 자본총액을 2만 5,000달러에서 5만 달러로 증액하였다. 또한 디트로이트 지점이 협소하므로 이를 확장 수리하는 한편, 사업 확장에 나섰다. 2월 9일 유한주식회사는 사장 서재필이 불참한 가운데 디트로이트에서 주주총회를 열었다. 유일한의 사회로 진행된 주주총회에서는 1년간의 사업 보고와 재정 보고가 있은 후 임원 선임과 함께 향후 사업에 대해 의결하였다. 임원은 총 9명으로 구성되었다. 이때 선임된 임원에는 사장 서재필, 부사장 정한경, 서기 이희경, 재무 유일한, 이사원 최응호·조오흥·이병두·김경·루퍼스C. W. Rufus였다. 또한 필라델피아에 있던 본부를 디트로이트 우드워드Woodward 12914번지로 이전하였다.

판매 조직은 '도매'와 '소매' 두 부분으로 나누어 확장하기로 하였다. 그런데 주주총회가 지난 지 4일 만인 2월 13일 유일한을 포함한 이사원 9명이 다시 모여 행정부 임원회를 개최하였다. 임시 회장 루퍼스의 사회 하에 선출된 행정부 임원은 회장에 루퍼스, 부회장 겸 서기에 조오흥, 회계 겸 감사원 최진하崔鎭河가 선출되었다. 최진하는 북미대한인국민회 총회장을 역임한 거물로 유일한이 초빙한 끝에 디트로이트로 이주한 것이다. 이에 유일한은 도착한 다음 날 최진하에게 저녁을 대접하였다. 최진하의 참여로 이희경은 자신이 보던 사무를 최진하에게 넘겨주고 디트로이트를 비롯한 각 도시의 상점을 돌아다니며 판매 업무를 맡아보았다.

이렇듯 회사 규모가 확장되면서 유일한은 유한주식회사 사업에 전념하기 위해 1926년 2월 라초이식품회사를 그만두었다. 3월 1일부터는 유한주식회사 전무로 자리를 옮겨 최진하와 협력하여 사업을 진전시키는 데 노력하였다. 유한주식회사에 전념하며 가장 먼저 세운 계획 중 하나가 바로 '학생 플랜students plan'이었다. 유한주식회사는 1926년 4월 8일 『신한민보』에 「학생제군 좋은 기회 생겼소 학비 곤란 싫타 말고 시험하시오」라는 제목으로 광고를 내며 다음과 같이 설명하고 있다.

학생 플랜

본사는 북미에 유학하시는 학생 제군을 위하여 학생 플랜을 두어 학생들의 학비 곤란을 면케 하는 바 우리 학생 중 몇 분은 벌써부터 이 학생 플랜에 의하여 본 회사와 관계를 맺고 물건을 갖다가 판매하여 많은 이익을 보아 학비의 곤란없이 공부를 계속하는 학생이 있습니다. 누구나 한 번 시험하여 보면 알 것이외다.

학생 플랜이란 어떤 것인가? 가령 어느 학생이 자기 재력에 의하여 20원을 가져 본사의 고본(주식 - 필자 주)을 산다 하면 20원어치 고본을 매수한 그 학생에게 20원어치 물건을 주어 팔게 하는데 이 20원어치 물건을 갖다가 팔면 40원은 용이하게 만들 수 있으니 이 40원 중에서 20원은 학비로 쓰고 나머지 20원은 본 회사로 보내면 이것을 물건값으로 인식치 아니하고 본 회사 고본으로 인식합니다. 그러면 이 학생은 벌써 40원어치 고본을 가졌고 물건은 40원어치를 갖다 팔 수 있게 되었으니 갖다가 팔 수만 있으면 40원어치 물건을 가져갈 수 있습니다. 이상과 같이 하면 고본금도 점점 늘어가고 학비의 곤란은 없이 공부를 성취하게 됩니다. 학기 동안에도 쉬는 시간을 이용하여 이러한 □□을 할 수 있으며 방학기에는 더욱 좋으니 이와 같은 기회를 잃지 말고 시험하여 보시오. 이상에 관한 일이나 본 회사에 관한 일을 더 아시기를 원하시면 최진하 씨에게로 알아보시면 더욱 분명히 알려 드리겠습니다.

학생 플랜은 한인 유학생들에게 주식을 구입하면 그 주식 가격대로 물건을 제공하고 그 학생이 물건을 판매하여 남은 이익을 회사로 입금

하면 그 금액을 다시 주식으로 주어 주식이 배가되는 형태로 하는 방식이었다. 이는 유일한 자신이 어릴 때부터 미국에서 고생한 것을 바탕으로 학생들의 학비를 스스로 벌 수 있게 하는 방안이었다.

다만, 이때 광고에 함께 나간 상품을 보면 1925년과 변화가 있음을 알 수 있다. 1926년도 상품의 종류는 주로 린넨으로 만드는 부인들의 손수건, 테이블보, 티 세트, 브릿지 세트, 러너runner(복도나 홀 따위에 까는 기다란 융단 또는 기다란 장식용 테이블 보), 타월(수건) 등과 부인들의 소용 물품, 가구 설립에 필요한 것 등이었다.

『신한민보』 1926년 4월 8일(왼쪽)
『동아일보』 1928년 7월 7일(오른쪽)

이때 광고에 유한주식회사 로고를 삽입하였다. 이 로고에서 '류' 대신에 잎이 무성한 버드나무 한 그루가 그려진 CI였다. 그런데 이 버드나무 CI는 후일 한국에서 설립한 유한양행의 버드나무 CI와 비교해 보면 동일한 것임을 알 수 있다. 지금까지 유일한 관련 글들은 유일한이 1926년 귀국하기 직전 라초이식품회사를 동업자 스미스에게 넘기고 작별인사 차 서재필을 찾았을 때, 서재필이 유일한의 귀국을 위해 미술을 전공한 딸에게 부탁하여 잎사귀와 가지가 무성한 한 그루의 버드나무가 새겨진 목각판화 한 점을 제작하여 주었다는 것이 정설처럼 되어 있다.

이와 관련하여 『신한민보』 1927년 11월 10일자 기사가 주목된다. 이 기사에 따르면 서재필은 유한주식회사 설립 초기부터 세일즈맨으로 근무하였다. 그런데 서재필은 1926년 가을부터 유한주식회사와 관계가 점점 멀어졌다고 한다. 이유는 회사 설립시 자본은 유일한이 투자하고, 세일즈는 서재필과 이희경 등에게 맡기는 바람에 이에 불만을 품은 서재필이 사직을 표명하였다는 것이다. 또한 유일한이 한국으로 간 뒤 서재필은 약속한 주금株金도 내지 않고 회사 일도 하지 않았다 한다. 이 기사로 볼 때, 서재필과 유일한은 1926년 가을 사이가 이미 멀어졌다. 따라서 유한주식회사 버드나무 CI는 1926년 가을 이전 두 사람의 관계가 좋았을 때 선물로 준 것으로 보이며, 아마도 그 시기는 1925년 유일한이 유한주식회사를 설립한 직후, 아니면 1926년 4월 즈음으로 추정된다.

유한주식회사는 1927년 1월 유일한이 한국으로 떠난 뒤 재정난을 겪기 시작하였다. 서재필 등 주식대금을 내기로 한 주주들이 주식대금을 내지 않는 등으로 인해 1927년 11월경 회사 재정은 1만 2,000달러로 감소하였고, 그나마 자본금도 사업에 투자한 것이 아니라 경비로 지출되었다. 1926년에는 경비가 1만 4,000달러로 5,000달러의 손해를 입었고, 1927년에는 약속한 주식대금을 내는 사람이 거의 없어 경비조차 곤란한 형편에 빠졌다. 유한주식회사가 언제까지 지속되었는지 알 수 있는 자료는 없지만, 1936년 10월에도 제약과 화학, 광고 판매와 사무 집행 경험이 있는 미국 유학생들을 상대로 채용 공고를 내고 있는 점으로 보아 이 시기까지 존속한 것으로 보인다. 다만, 광고 말미에 유일한이 본점은 경성, 지점은 다롄大連과 상하이로 적고 있어 유한주식회사는 한국의 '유한양행'과 사실상 동일한 회사로 인식하고 있을 수도 있다.

유한양행 설립과정

유일한은 유한주식회사를 설립할 즈음 호미리와 결혼하였다. 호미리는 소아과 의사 자격증을 취득한 뒤 미국 정부의 한 병원에서 근무하였다. 유한주식회사는 1926년 12월 말경 유일한을 한국으로 파견하기로 결정하였다. 그 내용은 『신한민보』 1927년 1월 20일자 기사 「유한회사에서 대표를 동양에 파송 예정, 사업을 일층 확장코저」에 잘 드러나 있다.

> 미시간주 디트로이트에 본점을 둔 유한주식회사에서는 대표를 동양에 파견하여 동양 물건을 대규모적으로 수입하기로 한다는데 그 회사 재무로 근무하던 유일한 씨가 동 회사의 명의를 띠고 미구未久에 동양을 향하여 발정發程하리라더라. 유일한 씨는 동양에 가서 본국 서울에다가 집을 정하고 중국과 기타 나라에 내왕하며 물건을 사서 미주 본 회사로 보내고 동시에 서울에 상회를 두고 미국 물화를 직수입할 터이오 동시에 씨의 부인인 닥터 우는 현금 경성에 있는 세브란스병원 의사로 시무하리라더라. 세브란스 병원장 에비슨 박사의 전언傳言에 의하면 그간 남男박사들은 미주로부터 가서 시무하는 분이 있으나, 여女박사로 가기는 이번 유일한 씨의 부인이 처음이라고 하더라.

이 기사를 보면 유일한은 유한주식회사의 동양 대표로 서울에 사무소를 개설하고 한국을 비롯한 중국 등지에서 무역에 필요한 수출품과 수입품을 구입하여 미국 본사에 수송하는 업무를 위해 파견된 것이었다. 또한 부인은 한국의 세브란스의학전문학교(약칭 세브란스의전, 현 연세대 의대) 교장과 세브란스병원 원장으로 있는 에비슨Oliver R. Avison으로부터 세브란스병원 의사로 초빙을 받은 것이었으므로 부부가 함께 한국으로 떠나게 된 것이었다.

1927년 1월 1일 디트로이트에서 '조만간 회사의 사명을 띠고 동양으로 출발하는' 유일한을 위해 신년연회가 열렸다. 이 자리에는 최진하·안재창을 비롯한 15명의 지인들이 참석하여 유일한 부부와 귀국 작별 인사를 나누었다. 며칠 후 디트로이트에 있는 정안회사 사장 정양필도 자신의 집에서 정안회사 주최로 유일한의 전별회를 열어주었다. 이 자리에서 정양필의 부인 이화숙의 피아노 반주에 맞추어 좌중이 수심가 등의 노래와 춤을 추며 전별식을 즐겼다.

1927년 1월 16일 유한주식회사 총무 유일한은 부인과 함께 디트로이트를 출발하였다. 당시 한국을 가기 위해서는 샌프란시스코까지 가서 배를 타야만 했다. 자동차로 부인과 함께 로스앤젤레스를 거쳐 샌프란시스코에 도착한 것은 약 25일 만인 2월 9일이었다. 그런데 이때 부인 호미리는 함께 떠나기 위해 같이 동행한 것이 아니라 남편을 배웅하기 위한 것이었다. 덴버에 살던 호미리 부친의 부음訃音을 들었기 때문이었다. 12일 유일한이 밴버린(또는 밴버러)호를 타고 먼저 출발하고 하와이에서 아내와 만날 것을 약속하였다. 호미리는 남편 배웅 후 덴버로 가서 장례를 치른 뒤 19일 클리블랜드호를 타고 호놀룰루로 갔다. 호놀룰루에서 1주일간 머물며 아내를 기다리던 유일한은 아내가 도착하자 한국으로 출발하였다. '유한주식회사 부회장 유일한'이 조만간 고국에 돌아온다고 하는 『동아일보』 1927년 2월 28일자 기사로 볼 때, 유일한 부부가 한국에 도착한 것은 3월이었다. 유일한 부부는 한국에 귀국한 뒤 3월 하순 서울 인사동에 있는 태화여자관泰和女子館 관장 자택에 머물렀다. 태화여자관은 1921년 미국 감리교 선교사 마이어스Mayers가 서울 인사동에 있던 순화궁順和宮 터에 설립한 우리나라 최초의 사회복지관이었다. 설립 초기 주로 여성들을 위한 사업을 집중적으로 벌여 태화여학교로 불리기도 하였다. 유일한이 태화여자관 관장 마이어스의 자택에 머물고 있다는 소식이 전해지자, 동아일보사 기자는 유일한을 인터뷰하였다. 그리고 1927년 3월 27일 「근소한 자본으로 미국에서 대성공, 적은 자본으로 식료품 장사를 시작해 수백만의 큰 회사를 이룬 류일한 씨, 중국부인과 귀국한 류씨 담談」이란 제목으로 유일한의 미국 성공담을 소개하였다.

재작년에 잠깐 귀국한 일이 있고는 22년 동안을 미국에서 살았으므로 참으로 우리나라의 사정을 부끄러우나마 잘 알 수 없습니다. 콩나물·녹두나물·간장을 만들어 양철관에 담아서 '간스메' 파는 장사를 시작한 것이 지금은 직공 약 4백 명을 사용하여 1년 판매액이 100만 원을 수입하는 회사를 만들었습니다. 이번에 귀국한 것은 오래 그리웠던 고국에서 어떤 좋은 일이 있으면 하여 보려고 왔으나 아직 구체적 결정은 못하고 우선 집을 한 채 장만하려고 하는데, 무엇을 첫째 알아야 말이지요. 제 아내는 미국 출신인 우禹라는 중국사람인데 대학을 마친 후 다시 의학을 공부

『동아일보』 1927년 3월 27일자

하여 그곳에서 정부의원에 근무하고 있었으며 여기에서도 빈한한 동포를 위한 적은 병원이라도 내어 볼 생각이며, 세브란스병원에서도 오라고 하나 아직 모든 것은 차차 지내보면서 결정하겠으며, 미국에 있는 회사는 제가 없더라도 잘하여 가도록 하고 왔으니 그는 아무 관계 없습니다.

이 기사에는 다소 오류가 있으나, 내용인즉 유일한은 귀국 직후 한국에서 어떤 좋은 일을 할지 아직 결정하지 못하였고, 아내는 에비슨이 초청한 세브란스병원 의사로 근무할지 아니면 개인 의원을 개업할

지 결정하지 못한 상태였다는 것이다. 즉 1927년 3월까지 유일한은 유한주식회사 한국지점 대표로서 어떤 종류의 사업을 해야 할지 결정하지 못한 상태였다. 따라서 유한양행의 연혁이나 기존 글에서 유한양행이 1926년 12월 10일 설립되었다는 설은 재고되어야 할 것이다. 귀국 직후인 1927년 3월 26일 윤치호尹致昊의 초대로 하퍼Harper 부부와 중국음식점 식도원에서 저녁식사를 하였다. 이어 1927년 11월 12일 자신의 집에 윤치호를 초대하여 저녁을 함께 하기도 하였다. 윤치호는 미국에서 알던 윤영선尹永善의 아버지였고, 유일한이 아내를 만나게 된 것 역시 윤치호의 처 이종조카 때문이라는 인연도 있었다.

한편, 유한양행 설립과 관련하여 두 가지 주요한 자료가 발견된다. 하나는 『동아일보』 1927년 11월 24일자 기사이다.

연지동 양옥의 새주인은 누구

연지동 언덕 자욱한 수림 중에 별천지같은 집을 짓고 조선종교계를 위하여 다대한 노력을 하던 게일奇一 박사가 자기 고국으로 돌아간 후 그 집에는 새로운 주인으로 젊은 부부가 나타났으니 이 부부가 곧 류일한 씨와 그의 부인 호메리(중국인) 여사이다. 류씨는 일반 약품 급 잡화 등을 유한양행이란 상호로 미국에서 수입하는 무역상을 경영하고, 호메리 부인은 소아과 부인과 병원을 개설하여 날마다 각각 자기 사무를 마친 후에는 단란한 부부생활을 계속하는 중이라는데 덕원빌딩이 낙성되는 대로 그곳에 방을 빌려서 개업할 터이므로….

이 기사에 의하면 유일한은 1927년 11월 현재 선교사 게일이 살았던 연지동 양옥을 구입하여 살면서 유한양행을 설립하고 수입 무역상으로 활동하고 있었으며, 부인은 소아과와 부인과 병원을 개설하여 생활하고 있었다. 그러나 유일한이 개업한 유한양행과 그의 부인 호미리가 개업하였을 것으로 추정되는 유한의원은 종로2가에 위치한 덕원德元빌딩이 완공되면 개업할 것이라고 한 것을 알 수 있다.

1927년 9월 27일에는 조선총독부 영어판 기관지인 『서울 프레스Seoul Press』에 시카고 알렌리슬리회사Allen B. Wrisley Co. 제품인 '아일랜드 팜Island Palm'이라는 세숫비누를 영어로 광고하였다. 다만 이때는 회사 이름도 없이 버드나무 CI만 삽입하였다. 이 광고는 지금 관점에서도 상당히 파격적인 광고로 어느 회사 제품인지 호기심을 자아내기 충분하였다. 10월 13일에는 같은 신문에 'NEW-ILHAN COMPANY'라는 회사 이름을 맨 앞에 크게 내걸고 세수비누와 향수, 파우더 등을 광고하였다. 그리고 한글 광고는 1927년 12월 9일과 10일 연속으로 『동아일보』 1면 하단에 크게 게재하였다.

이처럼 유일한은 1927년 9월 이전에 유한양행을 설립하였고 아내 호미리도 세브란스병원으로 가지 않고 개인 병원을 개업하고 있었다. 그러면서도 1927년 12월 10일을 정식 개업일로 잡고 조금씩 회사를 알리는 방식으로 광고를 하였다. 유일한은 1927년 12월 10일 유한양행과 유한의원이 종로 덕원빌딩에서 정식 개업한다는 광고를 게재함으로써 유한양행과 유한의원의 출범을 알렸다. 1층은 유한양행, 2층은 유한의원이 사용하였다. 유한양행은 창립하면서 도매상Wholesale을 표방하고 영

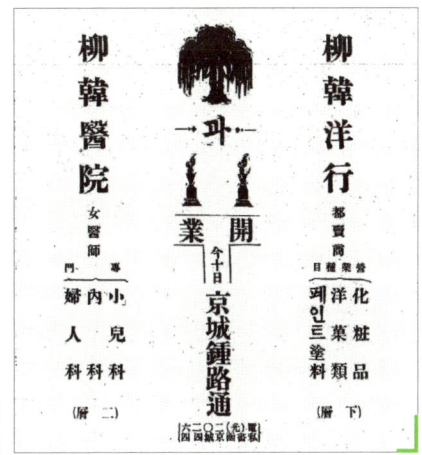

「동아일보」 1927년 12월 9일 광고(위)
「동아일보」 1927년 12월 10일 광고(아래)

업종목으로 화장품·서양 과자류·페인트 도료塗料를 취급한다고 하였고, 유한의원은 '여의사'를 내세우며 소아과·내과·부인과 전문임을 광고하였다. 1930년 10월에도 "자금自今(지금으로부터 - 필자 주) 3년 전에 본 양행은 우리 사회에 최선의 봉사를 진盡(다)하여 보라는 확실한 결심을 가지고 개업하온 것"이라고 하여 유한양행 출발을 1927년으로 잡고 있다.

창립 당시 사무실로 사용했던 덕원빌딩

따라서 지금까지 유일한이 귀국 전 예동식을 통해 1926년 12월 10일 종로 덕원빌딩에서 유한양행을 설립하였다는 통설은 수정되어야 한다. 다만 유한양행 설립을 몇 개월간 준비한 이유는 회사 또는 병원 인허가 문제때문이 아닌가 생각된다.

처음 유일한은 미국에서 설립한 유한주식회사의 무역거점을 위해 한국으로 파견된 것이었다. 따라서 국내에서 설립한 유한양행은 사실상 유한주식회사 한국지점 성격으로 설립된 것이었다. 미국의 유한주식회사의 명칭 중 '유한柳韓'은 그대로 두고, 서양과의 무역을 한다는 의미에서 '양행洋行'으로 상호를 칭한 것으로 보인다. 다만, 그 영업품목 중 서양 과자류와 페인트 도료는 한국에서 상황을 지켜본 뒤 새롭게 추가한 품목으로 보인다. 그리고 광고에서 보듯이 미국 유한주식회사에서 사용하던 버드나무 CI는 그대로 사용하였다.

유한양행 경영

유한양행은 1928년 3월 5일 『동아일보』 3면에 '미국품 직수입 도매상'이라고 선전하면서 미국염료 상품이 미국에서 왔음을 광고로 알리고 있다. 그리고 유한양행이란 글자 위에 버드나무 CI와 함께 버드나무의 영문 표기인 'WILLOW'를 새겨 넣었다. 이처럼 서양 수입 품목 중 염료 광고를 낸 이유는 의복 염색과 관련한 것이었다. 특히 아버지 유기연이 옷감장사를 할 때, 어머니가 손수 물들인 옷감을 본 것도 작용하였을 것이다.

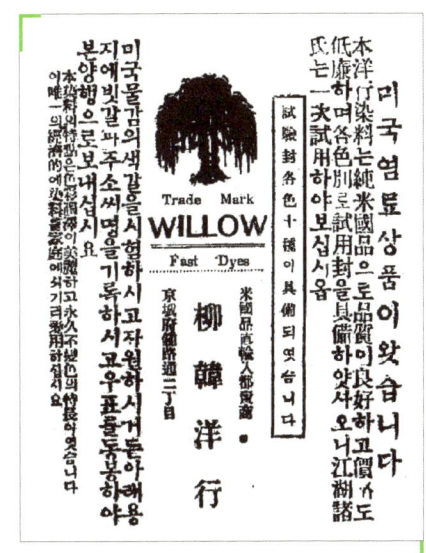

『동아일보』 1928년 3월 5일 광고

유한양행에서 의약품 광고를 처음 시작한 것은 1928년 7월 9일이었다. 같은 날 『동아일보』 2면에 실린 광고를 보면 '미국 진품 금계랍金鷄納'과 '장충산腸蟲散'이었다. 금계랍은 기나幾那나무 껍질에서 얻어지는 알칼리성의 쓴맛이 있는 알칼로이드로서 주로 해열제·건위제·강장제로 쓰이며, 말라리아 치료의 특효약이었다. 광고에서는 금계랍이 유행성 학질虐疾(말라리아)·1일 학질·감모感冒(감기)·해열解熱에 특효약이라고 하였고, 장충산은 회충蛔蟲·조충條蟲(촌충)·요충蟯蟲·십이지장충·기타 장충 퇴

『동아일보』 1928년 7월 9일 광고

치에 신효약神效藥이라는 점을 강조하고 있다. '미국 일수一手 전매상' 유한양행이라고 한 것은 미국제품 독점 판매상을 의미하는 것이었다. 또한 약품의 신뢰성을 높이기 위해 '미국 의학박사 유호미리'와 '총독부 약제사 나찬수羅贊洙'라는 이름까지 표기하여 최초의 의약 분업 홍보도 함께 하였다. 유호미리는 아내의 이름 호미리 앞에 미국식으로 남편 성을 붙인 것이였다. 나찬수는 함경도 출신으로 휘문고보徽文高普와 조선약학교朝鮮藥學校를 우수한 성적으로 졸업한 인물로 학창시절에는 정구선수로 이름을 날렸고, 1935년에는 서울 종로구 당주동에서 삼선당약방三仙堂藥房을 경영하였다.

유한양행 사업이 자리를 잡게 되자, 1929년에는 덕원빌딩 맞은 편에 위치한 기독교청년회관(YMCA회관)으로 확장 이전하였다. 이때부터 본격적으로 의약제품을 취급하기 시작하였다. 문제는 당시 총독부의 비호를 받는 일본인 제약업자들이 도립병원 등 대형병원을 장악하며 약품을 독점하다시피 한 상황이었다. 이에 유일한은 고심한 끝에 한국인이 운영하는 의약품 도매상과 약국, 그리고 외국 선교사 계통의 병의원을 거래처로 확보하기로 판매전략을 짰다. 한국인 경영 약품 도매상과

1929년 유한양행이 이전한 종로 YMCA 모습

약국 등은 영업 담당 지배인 전항섭全恒燮이 맡고, 유일한은 외국인을 담당하였다. 전항섭은 서울 중앙고보를 거쳐 1925년 경성상업학교를 졸업하고 경성기독교청년회 영어 전문부를 마쳤다. 1927년 유한양행 설립과 동시에 유한양행에 입사하여 광고부에서 판매광고를 주관하였다. 1930년에는 판매 지배인이 되어 좋은 실적을 올렸다. 그 후 1935년 유한양행 부사장과 전무로 승진하는 등 유한양행을 성공적으로 이끈 인물이었다.

유일한과 전항섭은 전국을 돌며 판매망을 개척하였다. 특히 유일한은 서울의 세브란스병원, 평양의 기홀병원, 평양연합기독병원, 전주의 예수병원, 순천의 미동병원, 여주의 영국교회병원, 함흥의 캐나다연합교회병원 등을 거래처로 확보하였다. 거래선이 확보되자, 그는 안정적인 상품 공급을 위해 외국의 의약품과 의료품 회사와 계약을 맺었다. 1930년 10월 유한양행은 외국 약품과 의료품 무역 전문회사임을 내세우면서 아보트제약회사·심레스고무제품회사를 비롯한 10여 개 미국 회사들과 계약을 맺고 안정적으로 의약품과 의료품을 공급하였다. 이외에도 일본우선회사郵船會社(세계항공), 캐나다 정부 철도(북미 대륙여행 전문), 동경해상화재보험회사의 대리점도 겸하고 있었다. 주력은 의약품이었지만, 도료·여행·보험 등의 종목도 함께 영업한 것이었다. 이외에도 유한양행은 이미 유한주식회사 시절 판매한 화문석·도자기·죽세품·어간유 등을 미국에 수출하기도 하였다.

1929년부터 전 세계는 이른바 '세계공황'에 휩싸이기 시작하였다. 그렇지만 유한양행의 사세는 오히려 크게 확장하였다. 이에 따라 이윤을 사회에 환원하는 일도 병행하기 시작하였다. 1931년 11월 의학박사 셔우드 홀Sherwood Hall(한국명 賀樂)과 그의 부인 의학박사 메리온 홀Marion Hall이 설립하여 운영하던 해주 폐병 요양원과 구세병원에 무상으로 네오톤토닉(네오톤 강장제), 블라우드 에스 토닉鐵精丸, 밀크 파우더(분유), 글루코산 칼슘글루 주사(칼슘 보급제), 바이오스테롤(비타민 D), 코프시럽(감기약), cod liver oil(純魚肝油) 등을 일상적으로 제공하였다. 이 요양원은 유일한이 동생의 폐병 치료를 위해 입원시킨 곳이기도 하였다.

회사 확장에 따라 유한양행은 3년간 임대하여 사용했던 YMCA 사옥을 떠나 1932년 서울 종로 신문로에 대지 160평을 매입하여 2층 양옥을 지어 이전하였다. 이어 유일한은 만주로 사세를 확장하기 위해 미국 굴지의 제약회사 아보트와 새로운 교섭을 벌였다. 만주 다롄에 창고를 세위 회사에서 필요한 약품 3~6개월 분량을 저장 보관할 수 있도록 하자는 제안이었다. 이 제안이 받아들여짐에 따라 일본이 상하이사변을 일으킨 다음 해인 1933년 아보트회사와 합작으로 다롄에 약품 창고를 세우고 그동안 무역 사무를 관장하던 김영호金英豪를 지점장으로 파견하였다.

이처럼 세계공황과 일제의 침략전쟁 와중에도 유한양행이 성공을 거두자, 유일한은 약제 수입이 아닌 직접 제조까지 결심하였다. 그러나 고급 의약품을 당장 제조할 수 있는 상황은 아니었다. 그래서 먼저 가정상비약이라도 제조하기로 하고 먼저 소규모 시설을 갖춘 공장을 세웠다. 그 첫 제품이 1933년 개발한 안티푸라민Antiphlamine으로 지금까지 유한양행의 대표 상품으로 인정받고 있다. 안티푸라민은 소염진통제로서 감기·폐렴·루마티스·관절염·타박상 등 각종 염증 질환에 진통 효과가 있다고 선전되었다. 이후 안티푸라민은 모든 가정에서 상비약으로 구비할 정도로 인기를 끌었다.

이에 고무된 유일한은 제약회사 시장을 둘러보기 위해 1934년 유럽으로 시찰을 떠났다. 이때 유럽의 유력 제약회사인 프랑스의 파스돌, 영국의 이반손스·일헨험부리, 독일의 멜크 닥터 틸로 등과 계약을 맺고 혈청·수은제·마취제 등을 수입하였다. 이에 대해『동아일보』는 1934년 12월 7일자로「구미歐米 상사商事 시찰코 유일한 씨 귀국」이란 제목으로 "미국·캐나다·영국·화란(네덜란드 - 필자 주)·불란서(프랑스 - 필자 주)·독일·낙위(덴마크 - 필자 주)·서전(스웨덴 - 필자 주)·서서(스위스 - 필자 주)·이태리인데 조선사람으로서 멀리 구미 각국의 유수한 상사 회사와 특수한 관계를 맺은 것은 처음되는 일이며 그 외 구미 각국의 유수한 제약은 의료품제조업자 10여 회사와 특약하여 일본약과 만주에 대한 일수(전매-필자 주) 판매권을 계약한 것도 처음되는 일이라고 한다"고 소개하였다.

이와 같이 활발히 사업 추진을 하던 중, 1934년 8월 아버지의 부음을 접하였다. 유럽 출장을 마치고 한국으로 돌아오는 길에 미국 시카고에 들렀다. 이때 앞서 언급한 터프트 자매가 유일한을 만나기 위해 아픈 몸을 이끌고 찾아왔다. 이를 본 유일한은 아픈 두 자매를 위해 500달러나 되는 큰 돈을 전해주고 생명보험까지 들어주었다는 일화가 전해진다. 1934년 12월 10일 서울 경성역에 도착한 유일한은 아버지의 묘소에 참배한 뒤, 여동생 유순한의 졸업식에 참석하였다. 1935년에는 아들 유일선을 얻었다.

이후 유한양행은 미국품 직수입 도매상이 아닌 전세계 외국상품 직수입 도매상으로 전환하였다. 또한 수익은 없을지라도 응급환자에게 필요한 약은 적은 양일지라도 수입하는 등 국민건강을 위한 노력도 병행하였다. 문제는 백신처럼 쉽게 변질되는 의약품을 보관하는 것이었다. 이를 위해 냉각장치를 갖춘 창고를 지어 약품을 보관한 뒤 응급 요청이 있으면 제공하였다. 그러나 약품 공급에 문제가 되는 또 하나는 낙후한 교통시설이었다. 이에 철도 운송 담당자와 특별 협약을 맺어 신속히 공급할 수 있도록 하였다. 그러나 아무리 신속하게 처리한다고 하더라도 모든 기차가 간이역에 정차하는 것이 아니었다. 때문에 작은 마을이 있는 곳에 약품을 긴급히 전달하는 것은 쉬운 일이 아니었다. 이를 해결하기 위해 약품 유리병이 깨지지 않게 특수포장 용기를 제작하였다. 이는 환자가 위급한 상황일 때 운송을 맡은 기관사가 간이역을 지날 때 미리 연락받고 간이역 플랫폼에 나와 있는 병원 직원에게 던져 전달할 때 용기가 깨지는 것을 방지하기 위한 노력이었다.

　이같은 노력은 유한양행의 기업정신 중 하나인 "항상 국민보건을 위해 일해야 한다"는 정신과 "유한은 결코 개인을 위해서 있는 것이 아니다. 사회를 위해서 있는 것"이라는 정신의 실천이었다. 유한양행은 이후 세계적 기업으로 도약하기 위해 외국인도 직원으로 채용하였다. '막'이라는 만주인, 일본인 영업사원 스가하라, 약제사 시마다, 러시아인 헤프틀러 등이 그들이다. 헤프틀러는 한국 주재 러시아 부영사였으나, 러시아의 볼세비키혁명으로 돌아가지 못하고 한국에 거주하다가 유한양행에 입사하여 외국문서 담당 업무를 하였다.

　유한양행은 국민보건을 위해 안티푸라민 제조공장을 설립한 데 이어 구충제 헤노톨도 자체 생산하였다. 한국민의 경우 1970년대까지도 기생충으로 인해 국민학교(현 초등학교)에서 구충제를 복용할 정도였으니 1930년대는 더욱 심각한 상황이었다. 이어 개발한 약품이 네오톤 토닉이었다. 이 제품은 아내 호미리의 처방을 미국 제미슨회사로 보내면 제미슨회사에서 제조한 것을 판매한 것이었다.

　네오톤 토닉은 강장제로서뿐 아니라 폐결핵 환자의 치료에도 도움을 주었다. 따라서 유일한이 폐결핵을 앓고 있는 자신의 동생 성한이 입원하고 있는 해주 구세요양원에도 이 약을 공급하여 도움을 주었다. 이 네오톤 토닉이 다른 약품과 크게 차이가 나는 것은 당시 심신 쇠약증 치료에 필요한 약품들 상당수가 마약 성분을 함유하고 있는 데 비해 네오톤 토닉은 마약 성분 없이 치료할 수 있는 약품이었다. 유한양행 발전에 큰

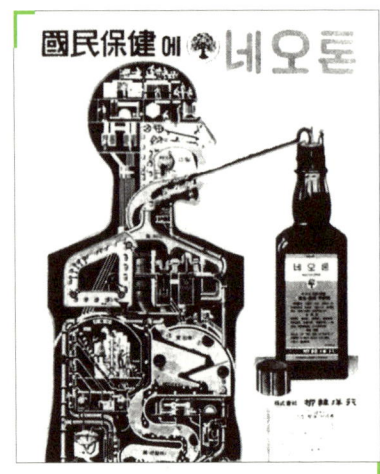

유한양행 대표 제품이었던 네오톤 광고

공이 있는 전항섭이 처음 마약 성분을 약간 첨가할 것을 제안하였다가 유일한으로부터 호통을 들었다는 일화는 유명하다. 즉 국민 보건이란 건강을 책임지는 것이므로 일시적 중독을 일으키는 마약을 섞는 것을 유일한은 강력히 질책한 것이다. 이로 인해 네오톤 토닉은 다른 약품과의 차별성으로 만주에서는 일본의 유명한 강장제인 부루도제보다 잘 팔리는 약품으로 인식되었다. 이에 총독부까지 나서 유한양행에 압력을 행사하였지만, 유일한은 뚝심으로 밀어부쳤다. 뿐만 아니라 유일한은 약품 복용에 대해 먼저 의사에게 처방을 받은 뒤 약을 복용할 것을 권유하는 등 이미 1930년대 의약 분업을 실행하기도 하였다.

이러한 노력 끝에 성장한 유한양행은 1936년 6월 20일 신문로 사옥(당시 서대문정 2정목 7번지)에서 총회를 열고 개인회사에서 주식회사로 전환하였다. 1937년『조선은행회사조합요록』을 보면 자본금이 75만 원이며, 대표는 유일한, 이사는 호미리·예동식·전항섭·김영호, 감사는 유정근柳正根·유순한이었고, 지점은 다롄이었다. 1936년 주식회사로 전환 이후『유한브리튼』이라는 주간잡지를 발간하기도 하였다. 이후 유한양행은 유일한의 지론대로 기업은 개인의 것이 아니므로 사회에 환원하기 위한 장치도 병행하였다. 그 장치로 도입한 것이 한국 역사상 최초로 종

1936년 주식회사 전환 후 신문로 사옥에서(앞줄 왼쪽에서 네 번째가 유일한)

업원 주주제를 실시하였다. 주식회사 유한양행은 종업원들에게 주식을 액면가 10% 정도 가격으로 나눠주었다. 이로 인해 한국전쟁 당시 유한양행은 부산에서도 종업원들이 모여 생산을 해낼 정도로 자신의 회사라는 인식을 갖게 되었다.

같은 해 8월에는 경기도 부천군 소사읍 심곡정 25번지에 2만여 평의 대지를 구입하여 제약 실험연구소와 제조공장 시공식을 착수하였다. 또한 사원 복지를 위해 공제회인 '윌로우Willow 구락부'를 만들었고, 2년 뒤에는 유일한이 기증한 주식 25주를 시작으로 기금을 조성하여 사원들의 자녀 교육비 지원과 주택자금 융자 등에 활용하게 하였다. 12월에는 해주 구세요양원 원장 셔우드 홀이 추진하는 크리스마스 실seal 위원회

1937년 당시 유일한

의 광고를 지원하였다. 이 운동은 결핵 환자를 치료하기 위한 기금을 마련하는 것이었다. 크리스마스 실이란 우표 같은 실을 구입하면 결핵환자를 지원하는 자금으로 사용하였다. 이는 유일한의 동생 성한이 해주 구세요양원에 입원한 탓에 유일한이 더욱 관심을 가지고 자금을 지원한 것으로 보인다.

그러나 1937년 일본이 중일전쟁을 일으키면서 한국은 전시총동원체제로 돌입하였다. 이런 와중에서 소사공장 건립에 노력을 기울였고, 종업원들의 후생복지를 위해 독신자 기숙사, 수영장 등도 조성하였다. 지금도 찾아보기 힘든 이러한 시설이 이미 일제시기에 조성된 것이다.

1937년 상반기 영업 실적은 전년 대비 20%가 증가하였다. 그러나 중일전쟁으로 11월 상하이지점은 문을 닫았다. 그럼에도 1938년 상반기에도 32%의 실적을 올렸다. 이러한 실적을 올리는 데 가장 큰 기여를 한 제품은 독일에서 수입한 성병 치료제인 'GU 사이드'였다.

1938년에는 자본금이 75만 원으로 증가되었고, 배당률은 8%였으며, 주식수는 1만 5,000주였고, 주주는 22명이었다. 이때 임원은 사장 유일한, 전무 전항섭, 상무 예동식, 이사 유명한·김영호, 감사 유정근이었다. 이 중 대주주는 유일한(7,750주)·전항섭(2,000주)·호미리(1,200주)·유

경이적인 판매를 올린 GU 사이드 광고

명한(840주)이었고 유일한의 친족 중 주주는 아내, 둘째 동생 명한, 막내 여동생 순한뿐이었다.

  이처럼 유한양행은 만주와 중국을 비롯하여 일본·타이완·베트남까지 진출하였다. 그가 국민보건을 위한 의료사업에 매진한 것은 "건강한 국민, 병들지 아니한 국민만이 주권을 누릴 수 있다"는 신념에 의한 것이었다.

2차 도미와 독립운동

2차 도미와 요양

1938년 4월 유일한은 자신이 설립하였던 라초이식품회사로부터 동양무역에 관한 회의에 참석해 달라는 초청을 받았다. 이 요청을 받은 유일한은 유럽의 시장 시찰을 겸해 4월 19일 오후 한국을 출발하였다. 독일 등 유럽에서 제약 관련 회사들과 만나 일을 본 뒤, 1938년 5월 13일 미국에 입국하여 로스앤젤레스에 머물렀다. 이때 유일한은 향후 사업차 뉴욕 등 미국 동부 지역으로 출장을 한 뒤 11월 한국으로 돌아갈 예정이었다. 그러나 부인 호미리와 함께 캐나다를 여행하던 중 병이 들어 캐나다의 한 병원에서 두 달 동안 치료를 받았다. 그럼에도 완치되지 않자, 의사는 공기 좋고 지세地勢가 높은 지방에서 요양 치료하기를 권하였다. 이에 10월 상순 미국 로스앤젤레스로 돌아왔다. 이때 유일한은 자신의

병 치료차 자녀들과 함께 로스앤젤레스에 머물기로 결정하면서 아내와 두 자녀와 함께 모처럼 가족생활을 즐겼다. 그러나 이 소박한 행복도 잠시 뿐, 유일한은 다시 가족과 헤어져 뉴멕시코주 앨버커키Albuquerque로 가서 요양하며 병을 치료하였다. 이때 아내 호미리는 어린 자녀들을 양육하기 위해 로스앤젤레스에 머물면서 그해 12월 12일 로스앤젤레스 대한여자기독청년회의 모임에 참석하기도 하였다.

유일한이 요양 치료중일 때, 유한양행 전무이사 전항섭이 사업차 1939년 2월 하와이를 거쳐 같은 달 24일 로스앤젤레스에 도착하였다. 전항섭의 출장은 미국 뉴욕 등 동부지역 공장 시찰과 시장 조사, 그리고 한국 상품을 미국에 소개하고 수출하기 위함이었다. 아마도 이때 유일한을 만나 상의했을 것으로 보인다. 그 결과 1939년 2월 23일 『신한민보』를 통해 광고를 한 것이 「유일한공사, 고려인삼대약방」이었다. 유일한 공사는 유한양행을 지칭하는 것이다.

본국 경성에 본점을 두고 상해·천진·대련·대만 등지에 지점을 두어 수출 수입 사업을 대규모로 하는 유일한회사는 이제 본국 소산품을 미국·멕시코·캐나다 등지에 수출을 목적으로 본사 지점을 라성羅城(로스앤젤레스 – 필자 주)에 설치하였습니다.

본사는 우선 본국 개성 소출所出 제1등 백삼白蔘 전부를 매수하여 본사에서 전매권을 가지고 이를 외국에 수출하기로 하는데 지금 제1등 백삼(15편 한 냥, 한 냥은 미국에 통용하는 근수로 한 근 반) 1천 근을 가져왔습니다. 본사에서는 제1등 백삼 한 종류만 팔고 또한 염가로 파오니 혹 개인의 소용所用이나 사업을 경영하시는 분은 많이 애고하여 주시기를 바라오며 또한 사업을 경영하시는 이에게와 한 겁에 열 근 이상을 사시는 분에게는 특별 감가減價하여 드리겠습니다.

이어 '유일한공사 근계'라고 하면서 영어로 "New Il-han and Company, 406 South Main Street, Los Angeles California"라고 하였다. 이로 볼 때, 전항섭은 로스앤젤레스에 유한양행에서 판매하는 인삼 지점인 '고려인삼 대약방'을 개설한 것이다. 이는 전항섭과 유일한의 협의로 이루어졌을 것으로 판단된다. 따라서 유일한은 로스앤젤레스에서 병을 치료하면서 유한양행 미국지사인 '고려인삼대약방' 업무를 보았을 것이다.

1939년 2월 하순 유일한은 로스앤젤레스에 거주할 주택을 마련하고 음력 정월 초하루인 2월 18일 자신의 집에 한인 100여 명을 초청하여 설날 잔치를 벌이기도 하였다. 이때 재미한인사회와 대한인국민회(이하 '국민회'로 약칭함)의 핵심인 전경무·송종익·최진하·황사용 등이 참석하였다. 이후 유일한은 인삼 판매를 위해 미국과 캐나다의 중국 신문에 광고를 내며 영업하였고, 한인들에게도 국민회 기관지 『신한민보』를 통해 인삼 구입을 권유하였다.

유일한이 로스앤젤레스를 거점으로 독립운동을 시작한 것은 1939년 5월경으로 보인다. 이때부터 국민회 활동에 참여하면서 김원택의 아들 김용성, 국민회 중앙상무부 총무 김병연金炳淵 등과 만났다. 이즈음 로스앤

> UNIVERSITY OF SOUTHERN CALIFORNIA
> TO ALL TO WHOM THESE LETTERS SHALL COME GREETING
> THE TRUSTEES OF THE UNIVERSITY ON THE RECOMMENDATION OF THE FACULTY OF
> THE GRADUATE SCHOOL
> AND BY VIRTUE OF THE AUTHORITY IN THEM VESTED HAVE CONFERRED ON
> ILHAN NEW, A.B.
> WHO HAS SATISFACTORILY PURSUED THE STUDIES AND PASSED
> THE EXAMINATIONS REQUIRED THEREFOR THE DEGREE OF
> MASTER OF BUSINESS ADMINISTRATION
> WITH ALL THE RIGHTS PRIVILEGES AND HONORS THEREUNTO APPERTAINING
> GIVEN AT LOS ANGELES IN THE STATE OF CALIFORNIA ON THE SEVENTH DAY OF
> AUGUST IN THE YEAR OF OUR LORD ONE THOUSAND NINE HUNDRED AND FORTY ONE

남가주대학 대학원 석사학위증

젤레스의 서던캘리포니아대학University of Southern California(약칭 USC, 일명 남가주대학) 대학원에도 입학하여 2년만에 경영학 석사학위를 취득하였다.

1941년 가족과 함께 아내의 고향 콜로라도주 덴버 부근의 볼더Boulder로 이주하여 록키산맥 아래에 머물렀다. 아마도 미국 생활을 위해 생계를 꾸려야 했던 아내 호미리가 그곳 대학의 위생과 교수로 부임하자 이주한 것으로 보인다. 유일한은 요양을 하는 중에도 한국의 수공품 제조에 원로들을 활용하여 일자리를 창출하는 방안을 연구하기도 하였다. 그가 미국에서 요양하는 동안, 1941년 그의 동생 유명한이 유일한을 대신하여 유한양행 2대 사장으로 취임하였고, 창씨개명과 함께 일제에 비행기 제작비와 국방헌금 등을 헌납하는 등 일본에 협력을 하였다. 이 소식을 들은 유일한은 격노하였고, 명한이 사고로 사망할 때까지 평생토록 의절하며 살았다.

1941~1942년 재미한인사회의 동향

유일한이 콜로라도주에 머물고 있을 당시, 재미한인사회에서는 두 가지 커다란 변화가 일어났다. 해외한족대회와 한인경위대 설립이 그것이었다. 1941년 4월 20일, 하와이 호놀룰루에서는 미주와 하와이의 9개 단체 대표들이 모여 해외한족대회海外韓族大會를 개최하였다. 이는 1935년 이후 미주한인사회에서 줄곧 제기되던 통일운동이 결실을 맺은 것이었다. 이 대회에 참석한 단체와 대표는 북미 국민회의 한시대韓始大·김호金乎·송종익宋鍾翊, 동지회의 안현경安顯景·이원순李元淳·도진호都振鎬, 하와이 국민회의 안원규安元奎·김현구·김원용金元容, 중한민중동맹단의 차신호車信浩, 대조선독립단의 장상호張相浩, 조선의용대미주후원회의 권도인權道仁, 대한부인구제회의 심영신·민함나, 대한여자애국단의 임성례·박경신이었다.

해외한족대회에서는 8일 동안 회의 끝에 9개조 결의안을 통과시켰다. 이 결의안을 바탕으로 재미한족연합위원회(이하 '연합회'로 약칭)가 조직되었고, 연합회 의사부는 하와이 호놀룰루에, 집행부는 로스앤젤레스에 두기로 하였다. 연합회는 대한민국임시정부의 법통성을 인정하고 그

지휘 감독을 받으며 광복군을 중심으로 대일항전에 전념하기로 하였다. 그리고 한국 독립을 위한 외교 선전활동, 미국의 군사활동 후원을 목적으로 하였다. 다만 이때 유일한은 어느 조직에도 속하지 않고 요양과 유한양행 일을 보던 정도였다. 때문에 유일한이 해외한족대회와 연합회 창립부터 나서서 연합회 집행부 위원으로 활동하였다는 기존 설명은 잘못이다. 그 이유는 후일 재미한인사회와 독립운동을 저술한 김원용의 『재미한인50년사』에서 재미한족대회를 서술한 다음, 역대 연합회 집행부 위원 명단을 나열한 것을 오인한 데서 비롯된 것으로 보인다.

또한 1941년 12월 7일 일제가 미국 하와이의 진주만을 습격하면서 태평양전쟁을 일으켰고, 대한민국임시정부는 12월 11일 일본에 대해 정식으로 선전 포고를 하였다. 이에 로스앤젤레스에 있는 캘리포니아주 국방경위군The California National Guard Army in L. A.에서는 연합회에 경위군 설립을 요청하였다. 요청을 받은 연합회 집행부는 로스앤젤레스에서 회의를 개최하고 미국의 자원방위군自願防衛軍으로 복무할 것 등을 결의하였다. 집행부 국방과는 1941년 12월 22일과 1942년 1월 4일 두 차례에 걸쳐 경위군을 모집하였다. 캘리포니아주 국방경위군은 본래 100명 이상으로 구성된 한인부대 창설을 계획하였고, 모집 연령은 18세부터 64세였다. 그러나 모집 결과 78명이 지원하였고, 대부분 50~60대 노년층이었다. 한인경위대California Korean Reserves가 조직된 것은 기존 1941년 12월 29일로 알려진 것과는 달리 1942년 2월 15일 설립된 것으로 추정되며 조직은 다음과 같다.

한인경위대의 열병 모습

사령관 김용성, 교관 쉐리J. Sherry 정위正尉

기밀부 부위副尉 김병연, 부위 김인·한 아더Arther Hahn

주계과 참위參尉 송철

선전과 참위 임병직

종군목사 김성락

교관 참위 허성, 참위 전봉운·김탁·안필선·최조셉

김용성은 한인소년병학교 시절, 유일한과 함께 군사훈련을 받은 친구였다. 한인경위대는 캘리포니아국방경위군에 소속되어 2개 부대로 편성되었고, 휴즈Rupert Hughes와 레이Harry Ray의 감독하에 매주 한 차례 군사훈련을 받았다. 한인경위대는 대한민국임시정부에도 인준을 청원하였다. 임시정부는 3월 31일 인허장을 송부하여 한인경위대를 인준하였다.

같은 해 3월 1일 삼일절 기념식이자 한국독립선언 24회 기념식에서 한인경위대는 열병식과 국기수여식을 거행하였다. 4월 26일에는 한국·중국·필리핀 3개국 경위대와 함께 관병식을 거행하는 자리에서 캘리포니아주정부로부터 인가장을 받고 캘리포니아국방경위군의 부속군대로 정식 편성되었다. 이때 맹호가 그려진 휘장의 연대기를 받게 되면서 한인경위대는 일명 '맹호군猛虎軍(The Tiger Brigade)'으로 불리게 되었다. 이후 샌프란시스코에서도 5월 30일 샌프란시스코한인경위대가 설립되자, 이후 두 한인경위대를 통칭하여 재미한인경위대라 하였다. 그러나 1943년 6월경 미국 육군의 방침에 의거하여 군사조직의 모든 권리가 상실됨에 따라 6월 13일 전체 모임을 갖고 사실상 해산하였다. 다만, 앞으로 특별한 일이 있을 때는 미국 정부의 국방 행사에 참여하도록 요청한다는 방침만 결정하였다. 이처럼 한인경위대 설립과정에 대해 언급한 것은 그간 유일한이 한인경위대 설립을 추진한 것처럼 되어 있기에 그 과정을 밝혀둔다.

재미한족연합위원회 집행부 활동

유일한이 콜로라도에서 다시 로스앤젤레스로 돌아온 것은 연합회가 조직된 지 1년여가 지난 1942년 6월이었다. 이때 연합회 집행부 부위원장이자 국민회 중앙상무부 총무인 김병연을 만나 다음과 같이 말했다.

이번 운동은 우리 민족의 최후 운동이니 무릇 대한민족은 당연히 소유·성명·재산을 다 들어 바쳐 이 운동의 성공을 도와야 하고 이왕 전도가 망망한 가운데 있을 때에 자기나 살겠다는 견지에서 이편이 나을까 저편이 나을까 이리 기웃 저리 기웃하는 것은 불가하다.

내가 미국에 돌아온 후 매년 국민회를 위하여 약 50원을 내어 놓으며 내 이름을 쓰지 못하고 남의 이름을 쓴 것이 한 약점이라고 하겠지마는 내가 이곳에서 이름을 내어 놓으면 국내에 있는 영업이 적의 침탈을 입는 동시 4백여 인의 생활이 끊어질 것을 위하여 부득이 인순고식因循姑息하였고 또는 경제 방면에서 보면 무슨 방법으로든지 유한회사의 명의를 보존하여 한인들에게 그만한 이익을 주는 것이 해로운 일이라고는 할 수 없는 것이다.

유일한은 1938년 5월 미국으로 돌아온 뒤 매년 50달러를 독립운동 자금으로 후원하면서도 국내에 있는 유한양행 직원 400여 명이 피해를 입을까 걱정하여 자신의 이름을 숨긴 채 다른 사람의 이름을 빌어 재정을 후원한 것이었다. 자신의 선행을 떠벌리지 않고 숨기는 유일한의 철학이 발현된 것이었다. 이어 그는 김병연에게 연합회 집행부를 위하여 매년 1,000달러, 그리고 국민회를 위하여 매년 1,000달러, 한인경위대를 위해서도 250달러 등 총 2,250달러라는 엄청난 금액의 후원을 약속하였다.

이때부터 유일한은 연합회 집행부를 본격적으로 돕기 시작하였다. 1942년 5월에는 연합회 집행부를 위해 250달러를 후원하였다. 이는 대개 국민회 회원들이 일반적으로 5달러 내지 10달러를 후원하는 것에 비해 볼 때, 최소 25배 내지 50배에 달하는 거액이었다. 이에 연합회 집행부는 6월 23일 가족과 떨어져 로스앤젤레스에 머물고 있는 유일한을 초대하여 만찬을 하였다. 이 자리에는 집행부 위원과 국민회 총회 임원들이 참석하였다. 이때 유일한은 국민회에 인구세 1달러, 의무금 10달러, 『신한민보』 대금 5달러, 보조금 84달러를 후원하였다. 또한 신한민보사 식자비로 300달러를 후원하기로 하고 이 중 50달러를 기부하였다. 유일한이 의무금과 인구세 등을 낸 것은 이때쯤 국민회에 가입하고 회원으로서 의무를 지키기 위한 것으로 추정되기도 한다. 그럼에도 유일한이 국민회 회원으로 가입한 자료는 발견되지 않는 점으로 볼 때, 앞서 연합회와 국민회 후원 약속 차원에서 후원한 것일 수도 있다. 직후 유일한은 콜로라도주 볼더의 집으로 돌아갔다.

  1942년 8월 30일 연합회 집행부는 위원장 김호金乎(본명 김정진)의 사회로 회의를 개최하고 유일한을 집행부 위원으로 선정하였다. 집행부 내 연구과에는 이미 위원 5인을 선정하였으나 유일한을 추가 선정한 것이었다. 이때부터 유일한은 본격적으로 연합회 집행부의 일원으로 활동하게 된다. 그 첫 행사가 8월 29일 경술국치 기념일에 치러진 이른바 '8·29 현기식懸旗式' 참석이었다. 이 행사에 참여하기 위해 유일한은 아내 호미리와 함께 로스앤젤레스로 왔다. 현기식이란 말 그대로 국기를 게양한다는 뜻이다. 연합회 집행부에서 주관한 이 예식에는 미 육군 군악대가 참석하여 애국가를 연주하였고, 이어 로스앤젤레스 시청에 태극기가 성조기와 함께 게양되었다. 이어 한인경위대 정위 김용성이 28개 동맹국과 일본 박멸에 전투를 불같이 할 것이라고 연설을 한 뒤 로스앤

현기식에서 축사를 낭독하는 유일한

젤레스시 당국과 캘리포니아주 당국에 대해 감사의 뜻을 전하였다. 이어 로스앤젤레스 부시장 콜로웰이 업무상 참석하지 못한 시장을 대신하여 대리로 축사하였다. 이어 유일한이 단상에 올라 대한민국임시정부 외교부와 주미외교위원부, 캘리포니아주 총독(현 주지사) 올손Cuttert L. Olson의 축전을 낭독하였다. 이어 연합회 집행부 선전과장 김용중金龍中이 선전문을 낭독하였다. 특히 집행부는 선전문을 12개국 언어로 번역하여 8월 28일 밤부터 12시간 동안 미국 7개 라디오 방송국을 통해 방송하면서 한국의 독립과 자유 회복을 선언하였다. 이 방송은 한국과 일본에도 방송되었다. 이어 한국 독립을 지지하는 미국인들, 즉 미국 원동함대인 뉴욕호 군함 함장을 역임한 75세의 마셀 제독, 빌 참장, 로스앤젤레스시 상업회 회장 티베트 등의 연설이 있었다. 현기식에 참여한 캘리포니아주 한인 1,500명은 한국 독립을 위해 약 10만 달러에 상당하는 전시공채 등을 구입하기도 하였다.

이어 연합회 집행부의 일로 국민회 중앙상무부 총무 김병연과 함께 샌프란시스코로 이동하여 9월 13일 일요일 오후 1시 국민회 샌프란시스코지방회(일명 상항지방회桑港地方會)가 한인교회에서 개최한 환영회에 참석하였다. 이때 참가한 한인은 샌프란시스코와 오클랜드 한인 100여 명이었다. 이 자리에서 유일한은 영어로 "한국은 반드시 단합하여야 독립을 완성할 수 있고 우리의 독립은 우리에게 있은즉 우리는 우리의 힘을 다하여 군사행동과 외교선전에 노력하자"는 취지로 1시간 반 동안 열변을 토하였다. 오후 3시경에는 샌프란시스코한인경위대(상항한인경위대)를 향해 30여 년 전 네브래스카주 한인소년병학교에서 지낸 경험을 이야기하면서 전시 군인의 국가 보장 책임이 중대한 것을 깨닫게 하였다. 그리고 『신한민보』의 재정을 위해 식자기 의연금 150달러, 보조금 100달러를 후원하였다. 9월 20일에는 오클랜드로 건너가 김은혜 부인이 주최한 만찬에 양주은 부인, 이초 부인과 함께 참석하였다. 10월 하순 다시 로스앤젤레스로 돌아왔다. 10월에도 유일한은 연합회 집행부에서 추진하는 한인승리공채에 2,600달러를 후원하였다.

그해 11월 연합회 집행부 위원장 김호와 함께 워싱턴으로 간 유일한은 워싱턴에 있는 주미외교위원부를 방문한 뒤, 국민회 뉴욕지방회를 방문하였다. 뉴욕지방회 사교부장 차진주 등이 참석한 가운데 국민회와 연합회의 운동에 대해 설명하였다. 워싱턴과 뉴욕 등에서 임무를 마친 유일한은 콜로라도의 집으로 돌아가는 길에 시카고에 들렀다. 11월 10일 국민회 시카고지방회(일명 지성지방회芝城地方會)에서 연합회의 운동에 관해 간략하게 축조 설명하였다. 이어 와이오밍주·콜로라도주·캘리포니아주의 한인사회를 순행하며 앞서와 마찬가지로 연합회의 운동에 관해 연설하였다.

이렇듯 각지를 순행하고 로스앤젤레스로 돌아온 유일한은 "이번 각지에 있는 한인 학생과 사업가와 및 기타 인사를 심방하여 그들의 정신상 도덕상에 합작력이 풍부한 것을 알아 얻은 것이 이 여행의 성공이매

이를 만족히 여기며 현금 다수 인재 수용을 요구하는 시기에 있어 그들의 학식 경제와 및 인격에 의지하여 요긴히 쓰일 것을 계획하는 가운데 있다"고 말하였다. 그리고 12월에도 국민회에 독립금 750달러, 의무금과 식자기 의연금 100달러 등 약속한 운동자금을 완납하였다.

12월 11일은 대한민국임시정부가 일본에게 정식으로 선전포고를 한지 1주년이 되는 날이었다. 연합회 집행부는 이날 라디오 방송을 통해 한국과 일본, 그리고 일본군 점령구역에 있는 동포에게 대일작전에 서로 호응하자는 연설을 통해 한인들의 독립운동 참여를 촉구하였다. 이 날 국민회총회관에서 한국의 대일선전 1주년 기념식을 거행하였다. 한국과 미국의 국기가 게양된 가운데 로스앤젤레스 한인경위대가 군복을 입고 정렬한 가운데, 한인경위대 법률고문 콜맨, 캘리포니아주 한인경위대 교관 쉐리 등도 참석하였다. 연합회 집행부 부위원장 김병연의 사회로 김용중·홍언·장세운이 연설한 다음, 한인경위대의 맹서가 이어졌다. 이어 집행부 위원 유일한이 영어로 연설하였다.

> …우리는 일찍이 일본과 오랫동안 싸웠고 작년 12월 이날에 우리 임시정부로서 비로소 일본에 대하여 정식 선전하였다. 그 목적은 두 가지가 있으니 첫째 세계 모든 민족의 4종 자유의 향유를 위하여 싸우는 것이오, 둘째 오직 우리 한인은 특유의 목적을 가졌으니 잃어버린 옛 나라를 회복하기 위하여 일본 강도를 박멸하자는 것이다. 정식 선전은, 즉 공개 선전(오픈 워)이다.
> 우리가 왜 공개 선전하였나?

이왕으로부터 혹은 생각하기를 우리의 독립을 외교에 의뢰하여 조약 상에서 얻어 가질 줄로 생각하고 또 가장 접근한 것은 만일 혹 이 전쟁 결속 후에 우리는 적고 약하니 어느 큰 나라 정치주의 밑에 두기로 꾀한다면 과거 32년간의 노예생활을 상전上典을 바꾸어 계속하는 것이다.

근래에 와서 우리 한인도 보고 배운 것이 있다. 매양 전시戰時를 당하여 학자나 정치가나 경제가들이 듣기 좋은 말을 많이 하고 그들이 말하기를 '이 전쟁 끝에는 세계 소약小弱 국민들이 다 자유 독립을 회복할 터이라' 하고 특히 한국 독립에 대하여 동정을 표하는 자도 많은 것이다. 그런데 즉금卽今 우리의 각오는 듣기 좋은 말이 실제가 없는 것이다. 그러니 <u>우리의 독립 회복은 오직 우리의 전쟁에 의지하여 결정이 되는 것이다</u>. 즉금 연합국들이 말하기를 우리를 도와준다고 한다. 우리의 대일전쟁은 마땅히 이 기회를 잃지 말고 가져야 조력을 얻을 수 있고, 조력을 얻어도 우리 활동에 넉넉하도록 얻어야 하고, 이같은 조력을 얻는 것이 외교에 있으며, 이 외교는 밖에 있는 사람 즉 미국에 있는 사람에게 있는 것이다.

이제 넉넉한 효력을 얻을 필요를 말하나니 후방 파괴도 좋지마는 이것만 가지고는 넉넉지 못하니 <u>우리도 남과 같이 대규모의 전투를 해야 하고</u> 그렇게 하려면 즉금 중국에 있는 광복군을 10배 20배 더 증가해야 한다는 것이 즉 우리의 임무가 후방 파괴에 있는 것 뿐 아니오 또한 전선 전투에 있다는 것이다. 전선 전투의 필요는 세가지 이유가 있으니, 첫째 이만한 큰 군대가 있어야 연합국이 우리의 전쟁을 알아줄 터이오, 둘째 일본이 거꾸러질 때에 우리 군대가 한국에 들어가야 하고 만일 다른 군대가 들어가면 우리에게 유익이 없을 터이오, 셋째 큰 군대를 가져야 대전 결속후 우리가 우리나라 신건설의 질서를 유지함으로부터 세계 신건설에 공동 합작할 터이다.

이같은 큰 군대의 확대를 위하여 우리가 연합국을 향하여 청구할 세 가지가 있으니, 첫째 군기와 기타 급양을 도와 달라는 것이오, 둘째 교전 단체의 자격을 승인하여 달라는 것이오, 셋째 한국군대의 독립부대의 성립을 도와 달라는 것이다(마치 중국이 한국의 독립을 위하여 국군 건립을 협조하는 것과 같이).

이상 모든 희망의 실현이 외교에 있고 이 미국에서는 무릇 우리 한인은 모든 정성과 지식과 역량을 기성한 연합회로 집중하여 노력 활동하기를 바란다.

이 연설의 대의는 "우리는 이 전쟁에 한국의 자유 독립을 위하여 전투하는 동시에 세계 평화의 수호를 위하여 연합국과 같이 전투하고 아울러 그들의 원동遠東(중국·한국 등 극동지역을 뜻함 - 필자 주)에 있는 군사상 수요를 공급하고 이 다음 최후 결전에 한국 경성으로 들어가는 군대의 선봉은 우리 군대요, 어느 다른 나라의 군대가 아니니 우리는 이를 위하여 오늘로부터 통일 단결하자는 것"이었다. 이처럼 재미한인사회를 돌며 독립을 위한 단결과 함께 전시 필요 자금 모집을 연설하여 1년 동안 한인승리공채 1만 5,000달러를 모집하는 데 일조하였다.

1943년 1월 국민회에 독립금 100달러, 보조금 84달러 등 200여 달러를 후원한 데 이어 2월에도 기본금 20달러를 후원하였다. 또한 2월 22일에는 김병연과 함께 애리조나주 챈들러의 한인 동포를 방문한 다음

피닉스를 거쳐 24일 로스앤젤레스로 귀환하였다. 이때 모금한 공금은 560달러였다.

그해 3월 1일 연합회 집행부가 로스앤젤레스한인장로교회에서 3·1 선언기념식을 거행하였다. 연합회 집행부 부위원장 김병연의 사회로 진행된 이 기념식에 참가한 유일한은 충칭重慶의 대한민국임시정부와 워싱턴의 주미외교위원부에서 보낸 축전을 낭독하였다. 또한 연합회 집행부가 미국 대통령 루스벨트와 대한민국임시정부에 드리는 전보도 유일한이 낭독하였다. 전보 내용은 "우리는 재류국 정부와 조국의 충심을 일본에 대한 정신의 승리를 돕는 책임상 성충을 다 들어 바치겠다"는 것이었다.

그해 6월 유일한은 연합회 집행부에서 충칭의 대한민국임시정부에 특파원 파견을 결정하자, 특파원 경비를 위하여 200달러를 후원하였다. 그리고 잠시 콜로라도의 집에서 휴식을 취하였다.

재미한족연합위원회 연구부 활동과 『한국과 태평양전쟁』 발간

그러나 휴식도 잠시, 연합회 집행부의 연락을 받고 1943년 7월 6일 샌프란시스코를 거쳐 11일 로스앤젤레스에 도착하였다. 7월 15일 오후 8시 반, 유일한은 제1회 연합회 연구부 위원회 정식 회의를 개최하였다. 사실 연합회 연구부는 1년 전인 1942년 4월 로스앤젤레스에서 개최된 연합회 1차 전체위원회 결의안에서 "우리 운동의 실제 공작을 연구 실시하기 위하여 의사부와 집행부에 연구과를 설치하고 위원 각 5인을 선정하여 그 사무를 장리케 할 일"이라고 결의한 바 있었다. 그러나 1년 동안 이에 대해 별다른 활동이 없자, 1943년 4월 로스앤젤레스에서 열린 연합회 2차 전체위원회에서 '전후계획戰後計劃 연구부'를 설치하기로 재차 결의하면서 다시 추진되었다.

이후 유일한은 3개월 동안 연구부 설치를 비밀리에 준비하였다. 이에 따라 유일한은 연구부에서 실제 독립을 위한 공작 계획의 연구, 해방 후 건설될 국가 설계를 비롯한 연구를 진행하였다. 그리고 이날 회의에서 유일한은 여덟 가지 사항을 결정하고 위원장 유일한, 부위원장 김용성, 서기 김성락, 부원 송헌주·김병연을 연구부 멤버로 발표하였다. 이어 유일한은 연구부에 대한 향후 계획을 발표하면서 향후 연구 활동 방향을 두 가지로 설정하였다.

첫째, 전시공작을 연구 조사하여 일본 정복을 협조하며,
둘째, 전후 한국 재건설을 연구하여 전후에 한국 독립 건설사업이 한국인에게 가장 유리하도록 연구하는 것이다.

이를 위해 유일한은 미국과 미국령에 거주하는 한국인 중 연구에 소질 또는 능력이 있는 사람들을 규합하여 연구부 고문을 조직하려 하였다. 그러나 이들은 이미 미국의 전시계획에 관계를 맺고 있어 참여가 어렵다고 하였다. 그럼에도 간곡히 이들을 설득하여 최대한 연구부를 돕겠다는 동의를 얻어냈다. 그 대표적인 인물이 유일한이 석사학위를 받았던 남가주대학의 외국무역 전공 교수 카루스 박사였다. 또한 유일한

은 이날 성명서를 통해 연구부에 대한 독립성을 강력 주장하면서 "어떤 개인이나 단체나 혹은 정당의 간섭을 받을 수 없다"고 선언하였다. 이는 연합회가 이승만 계열의 동지회, 이승만 계열을 견제하는 국민회를 비롯한 여러 단체들의 모임이었던 까닭에 어떤 단체의 입장에도 흔들리지 않고 향후 건설될 국가를 위한 청사진을 내놓고자 하는 견해를 피력한 것이었다. 연구부의 결과는 『한국의 실정』이란 제목으로 1,000부를 영문으로 출판하였다.

이어 유일한은 김병연과 함께 북가주北加州(북캘리포니아주)를 순행한 뒤 25일 로스앤젤레스로 귀환하였다. 4일 뒤 연합회 집행부는 8월 29일 국치일을 맞이하여 로스앤젤레스 한인장로교회에서 국치기념식을 거행하였다. 연합회 집행위원장 김호는 개회사로 "이날을 기념하는 것이 오늘이 마지막 날이 되기를 바란다"는 말로 인사를 하였다. 이어 이용선이 국치기념사를 낭독하고, 홍언洪焉이 국치약사國恥略史를 한 데 이어 유일한이 연설하였다. 이때 유일한은 "우리의 목적은 한국을 회복하는 데 있으며 따라서 어떻게 회복할 것이 문제인 동시에 어떠한 형식으로 회복될 것인가 하는 것이 금일에 재고할 것"이라고 하면서 "우리의 할 것은 우리가 능히 조국의 자유를 위하여 할 수 있는 것을 다할 뿐이다"라는 것을 역설하였다.

1943년 9월 4일 밤 8시, 국민회는 로스앤젤레스의 국민총회관에서 국민회 제3계季 특별중앙집행위원회를 열고 4시간에 걸쳐 논의 끝에 5개조 결의안을 통과시켰다. 주요 내용은 주미외교위원부 위원장 이승만의 소환을 임시정부에 재차 청원하는 것과 함께 국민회에서 선출한 연합회 대표 13인에 대한 것이었다. 이때 유일한은 한시대·김병연·김호·송종익·송헌주·김용중·김용성·박원걸·박재형·윤혁·임일·이정근과 함께 연합회 대표로 선출되었다.

유일한이 콜로라도의 집에 머물며 연구부 일로 골몰하던 1943년 9월 초순경, 유일한이 1942년 10월 미국 전략첩보국의 요청으로 작성하였던 태평양전쟁에서 한국의 역할에 대한 각서_{覺書} 내용을 둘러싸고 풍설이 퍼지고 있었다. 이에 대해 유일한은 신한민보사로 편지를 보내 다음과 같이 해명하였다.

어떤 일부의 한인은 아래 인용한 두 구절에 대하여 의론을 제출하였다.
「한국에서 일본의 통치가 결국 패하고 붕괴될 때에는 한국 군대와 참모본부는 연합국 군대와 위정자들을 동반하여 한국 안으로 들어갈 것이다 … 그러나 한국을 재점령할 자는 합중국 군대와 한국군대일 것이다.」…
「하여간 무장 보호를 위한 마지막 의뢰는 반드시 국제경찰이어야 할 것인데, 이 국제경찰은 합중국·중국·한국·인도·오스트레일리아 또는 이 전쟁 후에 성립될 새로운 국가들로 조직될 '태평양회의'로 말미암아 형성될 것이다. 이러한 경찰력의 보호 밑에서 내정의 질서를 유지하며 '태평양회의'의 직무에 협조하는 동안에는 다시 정복될 것을 두려워할 필요는 없다.」…
첫 구절에 대한 의론은 그 '위정자들'이라 한 것이 연합국의 정부를 의미하였다 하는 데 있다. 그러나 사실 저자는 앞 페이지 중에서 서술한 한국민사 위정자를 의미한 것이다.

둘째 구절에 대한 의론은 특별히 '국제경찰'이란 어구에 대하여 그것이 한국을 위하여 위임통치를 '요구'하였다 하는 데 있다. 영어를 해석하는 데 어떤 잘못이 있을지 모르나 그러나 그런 의미로 뜻한 것은 아니다. 시국사상이나 전후 계획서류에서 저자는 한국을 독립국으로 상상하였고, '태평양회의'라고 하던지 '국제연맹'이라 하던지, 혹은 '지방적 연방'이라고 하던지 무엇이라고 하던지 한국은 국제 간에 일원으로 정당한 지위를 취할 것이라고 상상하였다. 이것이 영어를 읽는 사람들의 해석이오, 그 사람들을 위하여 썼다. 한국을 위하여 절대 독립을 뜻하였으며 위임통치의 제의나 암시하였다 함에는 저자가 극력으로 반대하는 바이다.

1943년 10월 21일 연구부 부장 유일한은 『신한민보』에 「미국의 제한 입국제도와 한인 네명 반」이라는 제목으로 글을 실었다. 이 글은 당시 미국 국회에 계류 중인 두 가지 법안 중 중국인에 대한 입국 제한과 함께 이미 입국한 중국인에 대한 미국 시민권 부여 법안에 관한 것이었다. 이에 대해 유일한은 다음과 같이 말하였다.

이 전쟁이 끝난 후에 우리는 국제관계, 상품의 자유 교환, 봉사, 이상, 문화 등의 증진을 희망한다. 무엇보다도 이런 것들을 목적하는 것은 정치적으로 사회와 상업에 동등의 원칙을 인정하기를 희망함이다. 국회의원에게 편지로 혹은 전보로 중국인의 제한입국제도「매년 107」과 이미 미국에 입국한 사람이 시민될 수 있는 의안의 통과를 청원하라. 그리고 동시에 한인도 이 법안에 포함케 하기를 요구하라. 인류관계의 증진과 공평에 공헌이 클 것이다.

1943년 11월 유일한은 집행부로부터 위임받은 전후계획 연구부 업무를 끝내고 그동안 연구한 결과를 『한국과 태평양전쟁Korea and the Pacific War』이란 제목으로 간행하였다.

이 책 서문에서 "한국민이 현 전쟁에 보다 유효하게 참가하기 위해 마련된 비망록備忘錄이며, 한국의 현재와 전후문제戰後問題, 한국 경제의 실정과 아울러 한국민의 개화되고 안정된 자치 수행 능력에 대한 이해의 지침으로 마련된 비망록"을 밝히면서 재미 한족연합위원회 기획연구부Planning and Research Board에서 발간하였음을 밝혔다. 그리고 이 연구에 참여한 인물이 위원장 유일한, 부위원장 의학박사 김용성, 간사 철학박사 김성락, 이사 송헌주·김병연이었음도 적시하였다.

이에 앞서 1942년 10월 미국 전략첩보국(OSS)이 연합위 기획연구부에 한국관계 등을 포함한 태평양전쟁의 장래 문제에 대해 제반 연구를 부탁하자 유일한은 그에 관한 연구보고서를 작성, 제출한 바 있었다. 바

「한국과 태평양전쟁」 표지

로 이 연구보고서를 바탕으로 정리한 것이 『한국과 태평양전쟁』이었다. 이 책 머리말은 남가주대학 국제무역학과 교수 클레이튼 카루스Clayton D. Carus가 써 주었다. 카루스는 유일한이 대학원에 다닐 당시 지도교수였다. 카루스는 머리말에 다음과 같이 썼다.

이 머리말을 쓰는 사람은 한때 저자의 교수였으며 또한 오랜 친구로서 … 필자는 이 책이 애국적 목적을 가진 유능한 일꾼이 이룩한 작품이므로, 자유와 인권을 사랑하는 모든 사람들이 신중하게 읽을 가치가 있는 것임을 엄숙히 보장하는 것으로 만족하지 않을 수 없다.
미국 내외의 자유주의적 한국인이나 미국인은 이 책이 저술된 목적을 위해 투신하게 되기를 간절히 바란다.

『한국과 태평양전쟁』은 향후 한국이 극동지역의 전후처리문제에 포함될 것을 대비하여 한국의 전쟁 노력과 전후복구문제를 추진하기 위해 마련된 계획서이자 일본으로부터 해방하려는 한국민의 투쟁을 도울 수 있는 연합국 사람들을 위한 안내서로서 작성되었다. 따라서 한국이 태평양전쟁을 승리로 이끌기 위해서 한국민이 바라는 것이 무엇인가를 설명하고, 자치에 관한 한국민의 생각을 정리하였다. 그리고 장차 일본의 군국주의적 야망을 억제하기 위해서는 한국을 해방시켜야 할 뿐 아니라, 동양의 평화와 자유 유지에 한국이 효과적으로 기여할 수 있도록 기회를 주어 강력한 독립국이 될 수 있도록 도와야 할 것을 역설하고 있다.

『한국과 태평양전쟁』은 군사·정치·경제 및 문화 등 3부로 나뉘어져 있다.

1부는 크게 지리와 인구, 역사적 배경, 한국의 군사적 중요성, 정치단체 등 4개 항목으로 구성되어 있다. 이 중 3항 '한국의 군사적 중요성'에서는 전쟁과 한국민, 현재의 사태, 전투가능인력, 한국민이 싸워야 할 이유, 그는 궁지에 몰린 채 싸울 도리밖에 없는 것이다, 한국민은 이제 현실주의자, 한국인이 필요로 하는 원조의 종류, 극동에서 보다 효과적인 작전을 수행하기 위한 계획, 한국의 좌익 설명, 미국에서의 준비계획, 계획입안의 긴급성, 전후 군사적 소요, 방위군 등의 제목으로 구성·서술되어 있다. 4항 '정치단체'는 배경, 지도자들, 미국 본토 및 하와이 거주 한국민, 재미한족연합위원회, 기획연구부, 한국임시정부, 군사장악, 영구정부의 수립계획, 선거, 헌법, 임시정부의 종결, 한국의 독자적 투쟁을 돕기 위한 원조가 요망됨 등 12개 부분으로 구성·서술되어 있다.

2부는 한국경제는 충분하다, 전후 국민경제, 한국민의 능력으로 구성되어 있다. 1항 '한국경제는 충분하다'는 충분한 식량, 공업을 촉진시켜야, 국가재정으로, 2항 '전후국민경제'에서는 농업, 양잠업, 수산업, 축산업, 임업, 광업, 전력생산, 금속공업, 제조업, 추가소요 기계류, 방직업, 화학공업, 요업, 대외무역, 해운업, 철도, 도로, 항공수송, 전화와 전선, 방송, 관광업, 금융·통화, 노동과 사회봉사, 이민, 관세, 총괄로, 3항 '한국민의 능력'에서는 민족판단, 향학열, 자기표현욕, 학식도움, 적요 등으로 구성되어 있다.

3부는 부록이다.

이 책은 한국의 상황이 새로운 풍물과 인물교체, 그리고 관련사건 등 상황변화가 발생하면 수시로 수정·보완하는 등 한국의 정확한 정세변화와 분석에 신중을 기하였다. 이에 따라 초판에 실렸던 부분이 4판에서는 변경 또는 삭제되기도 하였다. 길이 24cm, 너비 15.5cm의 영문으로 발간된 이 책은 1943년 11월 활자판으로 간행되었으며, 간행처는 미국 로스앤젤레스시 테인즈회사였다. 이 책은 국가보훈처에서 간행한 『독립운동사자료집』 8집에 실려 있다. 다만, 초판이 아니라 1946년 8월 4판으로 발행된 것이 실려 있다.

고려경제회 조직

1943년 11월 27일 미국의 루스벨트, 영국의 처칠, 중국의 장제스蔣介石가 이집트의 카이로에서 모여 5일 간의 회담 끝에 12월 1일 선언서를 발표하였다. 이른바 '카이로선언'이다. 이 선언에서 한국은 적당한 시기에 독립국가가 될 것임을 천명하였다. 이 소식을 전해들은 유일한은 한국이 독립할 경우를 대비하여 근대 산업국가로 발돋움하기 위한 문제, 즉 한국의 산업 문제를 조사 연구하는 단체가 필요하다고 판단하였다.

카이로선언 발표 다음 날인 12월 2일 유일한은 뉴욕 한인교회에서 경제연구회를 조직하기 위한 준비위원회를 개최하였다. 준비위원회에서는 회의 진행을 위해 임시 의장에 유일한, 임시 서기에 김성덕, 임시 재무에 정기원·김진억을 선출하였고, 임원 선거위원으로는 김경·김세선·전처선·김진억·선우천복을, 장정제정위원章程制定委員으로는 유일한을 비롯하여 정기원·배민수·김세선·김준성·김성덕, 통신선전위원으로는 이종숙·김성덕·김진억이 선출되었다. 이때 조직된 경제연구회가 바로 고려경제회Korea Economic Society였다. 고려경제회는 뉴욕 브로드웨이 1775번지에 사무실을 두고 활동하였다. 6개월간의 준비 끝에 유일한 등 고려경제회 회원들은 『한국경제적요Korea Economic Digest』를 간행하였다. 1944년 6월 간행된 1권 표지에 보면 'Vol. I, No. 1'으로 되어 있어 창간호임을 알려주고 있다.

창간호 발행 직후 유일한은 뉴욕에서 6월 8일 미 국무성 극동분과의 다이코버Dichover에게 편지를 발송하였다.

『한국경제적요』의 첫 주제 사본이 귀하에게 우송되었습니다. 우리는 귀하가 그것을 마음에 들어하기를 희망합니다. 귀하께서 그 내용, 즉 협회Society의 목적과 우리의 계획업무에 대해 검토한 후에 우리에게 솔직하게 편리를 주신다면 우리는 매우 감사하겠습니다. 그 귀하의 의견에 우리가 하고 있는 업무가 태평양전쟁 수행에 어떠한 실질적 도움이 되든지 간에 우리에게 서신을 주시기 바랍니다. 우리는 그 업무가 카이로회담에서 자유와 독립이 선포된 전후 한국의 독립에 어떤 도움이 되기를 기대합니다. 당신은 우리의 계획이 국제 무역관계의 진전에 어떠한 것이라도 기여할 것이라고 생각합니까?

유일한은 미국 국무성 극동분과 담당자에게 고려경제회의 창간호와 고려경제회의 목적과 추진업무 등에 관한 서류들도 함께 발송하면서 태

『고려경제회보』 창간호(왼쪽)와 3호(오른쪽) 표지

평양전쟁에 도움이 될 만한 의견을 제시해 줄 것을 요청하였다. 또한 카이로선언에서 한국의 독립을 보장하였으니 한국의 경제 문제 등에 관심을 가져달라고 부탁하였다. 유일한의 편지를 받은 다이코버는 이틀 만인 6월 10일 답장을 보내 언제든지 한국의 경제 등에 관해 협의·토의할 수 있다고 알렸다.

고려경제회는 1944년 6월 창간호를 간행한 이후 매달 영문으로 『고려경제회보』를 간행하였다. 현재 확인할 수 있는 『한국경제적요』는 총

「고려경제회보」

권호	발행 연도	면수
Vol. I, No. 1	1944. 6	32
Vol. I, No. 2	1944. 7	36
Vol. I, No. 3	1944. 9	32
Vol. I, No. 4	1944. 10	24
Vol. II, No. 3	1945. 3	24
Vol. II, No. 4	1945. 4	24
Vol. II, No. 5	1945. 5	24
Vol. II, No. 7	1945. 7	24
Vol. II, No. 9	1945. 10	24

9권이다.

『고려경제회보』는 해방이 된 이후인 1945년 10월까지 발행되었다는 것을 알 수 있다. 회보 1호와 2호는 'Korea Economic Digest'라고 영어로 제호題號를 표기하였으나, 3호부터는 'Korea Economic Digest'라는 제호 아래 '고려경제회보'라고 병기하고 있다. 면수는 1944년에는 9월까지는 32~36면이었으나, 1944년 10월 이후 모두 24면으로 발행되었다.

1944년 6월 창간 당시 편집부 직원으로는 발행자 유일한, 편집고문 헨리 드영Henry C. DeYoung, 임시 편집장 정기원, 부편집장 제이콥 김Jacob. S. Kim이었다. 자문위원은 디트로이트 뉴스의 홍보담당이사 화이트 리Lee, A White, 남가주대학의 클레이튼 카루스, 디트로이트 국립은행의 조지 짐머맨George H. Zimmerman, 통신대 수석엔지니어 사무엘 펑Samuel S Fung, 제너럴 모터스 해외담당의 헐버트W. C. Hulbert, 덴버의 사업가 조지 올링거George

W. Olinger로 구성되었다. 이 창간 멤버는 주로 사업을 할 당시 관계를 맺었던 인물들로 구성되었다.

이러한 구성이 변화되는 것은 1945년 3월이다. 이때 편집부 직원은 발행인 유일한, 제이콥 김, 헨리 드영의 기존 직원과 루미스H. M. Loomis, 로이스E. M. Royce, 웨이드C. Wade가 추가되었다. 임원으로는 안승화, 정기원, 헨리 드영, 제이슨 한Jason Hahn, 강영문, 김용성Arther Y. S. Kim, 제이콥 김, 토마스 김Thomas T. Kim, 와이 디 김Y. D. Kim, 윌리엄 라J. William Lar, 윌리엄 리P. William Lee, 유일한, 다니엘 리Daniel Rhee, 해리 황Harry Whang, 헨리 임Henry Yim이었다. 자문위원은 기존 위원에 스탠다드진공오일회사의 로저 윌리암스Roger S. Williams가 새로이 충원되었다. 그 후 1945년 7월호부터는 임원에서 정기원이 빠져 있다.

유일한은 1944년 고려경제회를 통한 활동에 주력하는 한편, 1944년 11월에는 저널 『아시아와 아메리카Asia and America』에 「한국과의 교역을 권한다」라는 논문을 발표하여 향후 독립된 한국의 산업 부흥을 위한 선전활동을 지속적으로 전개하였다.

주미외교위원부 협찬회 파동

유일한이 고려경제회를 조직하고 창간호 발간에 전념했던 1944년 6월 4일, 국민회는 이승만 중심의 주미외교위원부가 워싱턴의 콜럼비아빌딩에서 정치기관을 조직하였고, 이 단체는 새로운 임시정부를 방불케 한다는 소식을 들었다. 당시 이승만은 주미외교부 개조 논쟁이 본격화하자, 자신의 세력 확장을 꾀하고 있던 때였다. 『신한민보』에 의하면 이원순李元淳의 사회로 진행된 이 모임은 내무부 위원, 경제부 위원, 교육부 위원, 정치부 위원 등 4개 위원부를 조직한 뒤, 이승만이 각부 위원장을 지명하였으며, 프린스턴대학교Princeton University 교수 슬라이드를 임시정부의 법률 고문관으로 임명하였다는 것이었다. 이어 이승만은 5월 24일 새로 구성될 위원부 부원들에게 서신을 발송하여 향후 조직될 위원부의 계획과 설명서를 동봉하였다고 밝혔다.

이에 대해 국민회는 1944년 6월 15일 기관지 『신한민보』를 통해 이때 임시정부가 충칭의 임시정부가 아닌 새로운 임시정부인지 여부에 대해 의혹을 제기하였다. 국민회는 특히 새로 수립한 정치기관의 각 위원부가 완전히 주미외교위원부의 권력 범위 아래 속해 있고, 또 주미외교위원부의 감독과 책임 아래 결속되었다고 비판하였다. 따라서 주미외교위원부의 절대 조종 밑에 있는 새 정치조직체가 한국의 내무·경제·교육·정치·전쟁 노력을 현시 전쟁기간과 전쟁 후에 공히 지배하는 것을 목적하였다는 것은 사실상 이 단체가 주미외교위원부의 산하 조직이며 새로운 임시정부가 아닌가 하는 의구심을 제기한 것이었다.

『신한민보』에 실린 이 위원부와 위원은 다음과 같다.

제의한 위원부와 위원

내무위원부: 황창하(부장), 황사용, 정기원, 김홍기, 나재원, 장인명, 조대홍, 한영교

경제위원부: 김세선, 유일한, 김준성, 남궁염, 최용진, 전처선, 신상근

교육위원부: 임창영(부장), 김현철, 배민수, 김진억, 김계봉

정치위원부: 임병직(부장), 한표욱, 이병두, 박범구, 이메리(이원순 부인)

그리고 말미에 부장은 6월 4일 선출한 것이며, 경제위원부 부장은 미정이고, 군무위원부는 추후 발표할 예정이라고 되어 있었다. 경제위원부 부장이 선출되지 못한 것은 유일한과 신상근 중 누가 더 적합한지 논쟁이 벌어져 확정하지 못했다고 하였다. 국민회의 문제 제기에 대해 같은 날 주미외교위원부는 『주미외교위원부 통신』 제76호를 통해 다음과 같이 그 사실에 대해 밝혔다.

1944년 6월 4일 오후 1시, 뉴욕·워싱턴·디트로이트·시카고 등지의 재류 인사 30여 명이 주미외교위원부 사무실에 모여 제정 조례를 만장일치로 가결하고 위원장 이원순의 사회로 협찬부를 조직하고 5개 부처의 임원을 선정하였다.

1. 내사부 부장 황창하, 서기 황사용, 협찬원 김홍기·장인명·조대흥·한영교·정기원
2. 교육부 부장 임창영, 서기 김현철 협찬원 배민수·김진억·김계봉
3. 경제부 부장 김세선, 서기 김준성, 협찬원 유일한·남궁염·전처선
4. 정치부 부장 임병직, 서기 이메리(이원순 부인), 협찬원 강택모·한필립·김진홍
5. 전무부(군무부 - 필자 주) 부장 신상근, 서기 손이도, 협찬원 박떼시·최정집

협찬회 명단과 함께 말미에는 다섯 개 부서 외에 재정부와 기타 몇 부를 더 조직할 것이며 향후 하와이 등 인사 가운데서도 협찬부 위원을 선정한다고 밝혔다. 이어 이 문서 사본을 미국 법무부에도 제출하였으며 "법무부에서는 4700 16th Street N. W. 워싱턴 D. C.의 주미위원부가 한국 임시정부의 대리자로 등록된 것을 공식적으로 열람할 수 있습니다"라고 언급하였다. 『신한민보』에 실린 임원과 『주미외교위원부 통신』에 실린 명단에 약간의 차이가 나는 것은 『신한민보』 명단은 『주미외교위원부 통신』에 실린 명단보다 이전 정보를 입수했기 때문이었다.

여하튼 경제위원부 위원, 또는 협찬회 경제부 협찬원으로 이름이 올라 있는 유일한은 정작 이 사실을 『신한민보』 기사를 보고 나서야 알게 되었다. 당시 유일한은 콜로라도주 볼더 자택에 머물고 있었다. 이에 신한민보사로 편지를 보내 다음과 같이 자신의 입장을 밝혔다.

> 최근 고려경제회와 한국외교위원부의 경제부에 대하여 상당한 오해를 가진다. 내 이름을 나와 의논 없이 한국외교위원부의 경제부에 두었으므로 내 이름을 취소하라고 요구하였다. 그 이유는 내가 고려경제회의 이사의 한 사람인 동시에 고려경제회는 정치기관도 아니며 정당기관도 아닌 까닭이다.

이는 주미외교위원부가 자신과 상의도 없이 일방적으로 임원으로 선정한 데 대한 항의였던 것이다. 그러면서 고려경제회를 사사로이 정치기관으로 이용하는 것에 대해서도 경고하였다. 그러나 고려경제회의 주요 회원 중 상당수는 이미 협찬회에 그 이름이 올라가 있으며, 고려경제회가 창간된 이후 회보 발간에 거의 이름이 빠져 있다. 이후 협찬회는 1944년 9월 모임을 갖고 스스로 해소한 것 같다.

태평양국제대회(IPR) 참석

유일한은 1944년 주로 뉴욕에 사무소를 둔 고려경제연구회 이사로 활동하면서 독립운동에 필요한 일이 있으면 연합회 집행부가 있는 로스앤젤레스와 샌프란시스코 등을 방문하여 일을 처리하였다. 그러던 중, 1944년 3월 14일 태평양협회 워싱턴지부 주최로 코스모스클럽에서 한국문제에 관한 공개 토론회가 개최되었다. 이 토론회에는 미 육군·해군·국무성 관리를 포함하여 100여 명이 참석하였다. 이때 유일한은 김용중·정한경과 함께 참가하여 나란히 연설하였다. 김용중은 한국의 역사와 지정학적 지위의 중요성을, 정한경은 외교적 입장에서 임시정부 후원과 한국 독립의 승인 필요성을, 그리고 유일한은 한국의 경제 사정과 전후 경제 상태에 대해 연설하였다. 1944년 9월경 유일한은 미국 전략첩보국에 채용되어 냅코작전 계획 수립에 참여한 것으로 보인다. 같은 해 10월 말부터 11월 초까지 연합회 집행부 전체대표회가 개최되자, 유일한은 로스엔젤레스에서 열린 이 회의에 참석하였다.

　1944년 10월 태평양국제대회Institute of Pacific Relations(약칭 IPR)가 1945년 1월 개최된다는 소식을 접하였다. 이에 대해 재미한인단체들이 회의 참석을 희망하자, 태평양국제대회에서는 재미한족연합위원회, 주

태평양국제대회 참석 모습(왼쪽부터 전경무, 유일한, 정한경)

미외교위원부, 중한민중동맹단 등 5개 단체에 서신을 보내 대표 3인을 선택하여 파견하면 대표 자격이 아닌 방청객으로 참석하게 해줄 수 있다는 의견을 보내왔다. 이에 대해 5개 단체는 처음 대표 자격이 아니라는 이유로 참석을 거부하였으나 곧 모임을 갖고 논의 끝에 정한경·유일한·전경무 3인을 파견하였다.

1945년 1월 1일 태평양국제대회가 미국 버지니아주 핫스프링Hot Spring에서 열렸다. 29일까지 개최된 이 회의에는 태평양 연안 12개국에서 대표 160명이 참석하여 제국주의 국가의 식민지 문제를 논의하였다. 이 대회에서는 식민지의 독립은 찬성하나 식민지 정부가 자치능력이 있을 때까지 식민지의 독립을 보류하되, 일본으로부터 해방된 지 6개월 이내에 독립국이 되어야 한다는 입장을 공식 결의하였다. 그러나 연합회 대표 유일한 등 3인은 한국이 정식 회원국이 아닌 까닭에 방청해야만 하였다. 때문에 그들은 별도로 참석 대표자들과 만나 한국독립의 당위성을 강조하는 한편, 전쟁 후 일본의 처리문제, 즉 일본이 약탈한 공장 등은 유엔의 감시하에 즉시 보상해야 하는 문제에 대해 논의하였다. 이와 더불어 유일한은 1945년에 열릴 샌프란시스코회의에 파견 대표단에도 선정되었으나 최종 조율과정에서 제외되었다.

냅코프로젝트 참여

태평양국제대회 참석 후 유일한은 냅코작전Napko Project에 참여하기 위해 로스앤젤레스로 향하였다. 냅코작전이란 미국 전략첩보국Office of Strategic Services(약칭 OSS)이 1944년부터 태평양전쟁에서 일본에 승리하기 위해 재미한인들을 한반도에 직접 침투하여 특수공작을 수행하려는 계획이었다.

    1941년 12월 일본으로부터 하와이 진주만을 공습당한 미국의 루스벨트 대통령은 군사 정보의 수집과 통합을 목적으로 1942년 6월 미국 전략첩보국을 조직하였다. OSS의 책임자 도너번은 설립 초기부터 첩보요원을 통한 정보의 수집과 분석, 적 후방의 파괴활동 등 작전을 수행하였다. 이러한 작전의 일환으로 OSS는 1942년 10월 연합위 기획연구부에 한국관계를 포함한 태평양전쟁의 향후 문제에 대한 연구를 의뢰하였다. 이 연구계획을 수행한 팀이 바로 연합회 기획연구부였고, 기획연구부 책임자가 유일한이었다. 이러한 인연으로 OSS가 중국과 한국 관련 정보 분석을 위해 이들 국가에 대해 잘 알고 있는 인물을 고문으로 초

1967년 내한한 펄벅 여사와 유한공고를 걷는 모습

빙할 때, 유일한은 한국 담당 고문으로 임명되었다. 중국 담당 고문에는 『대지』라는 작품으로 노벨문학상을 수상한 작가 펄 벅이 맡았다. 이때부터 펄벅은 유일한과 친분을 쌓게 되자, 1963년 한국을 무대로 한 소설 『살아있는 갈대』에서 주인공의 이름을 '김일한'으로 하기도 하였다.

OSS는 1944년부터 일본군과 전투가 벌어지는 지역에 투입할 특수부대 설립을 서둘렀다. 이러한 계획으로 중국·한국·미얀마 지역에 한인을 포함한 특수부대 침투계획이 수립되었다. 중국전선의 OSS는 독수리작전Eagle Project을 비롯한 5개 이상의 작전을 수립하였고, OSS 워싱턴 본부는 한국 침투작전인 냅코작전을 추진하였다.

이 작전의 입안자는 미얀마에서 101지대를 이끌었던 칼 아이플러Carl F. Eifler 대령이었다. 독수리작전은 광복군 2지대와 합작으로 추진되었고,

냅코작전은 주로 재미한인 출신들로 구성되었다. 냅코작전은 재미한인들로 구성된 부대를 잠수함이나 비행기를 이용하여 한반도에 침투시킨 뒤, 각종 첩보 수집과 무선망 설치, 그리고 적 후방 게릴라 작전과 파괴 등 특수공작이 주임무였다. 그러나 이러한 작전을 수행하기 위해 한반도로 침투하기 위해서는 한반도 지리와 정세에 능통한 인물이 정확한 장소와 침입 루트를 선정해 주어야만 하였다. 이에 적합한 인물이 유일한이었을 것이다.

1944년 하반기에 확정된 냅코작전 계획은 1팀당 5명 이내, 10개 팀을 파견하며, 체포될 경우 조직을 보호하기 위해 다른 팀의 공작원을 서로 모르게 훈련시킨다는 계획이었다. 공작팀의 침투 장소는 서울, 평양, 평남 농촌, 충남 서산, 황해도, 목포 등이었다. 이를 수행하기 위해 한국 내 친척이나 사업 등과 연관이 있는 유학생, 사이판·괌에 포로가 된 한인 노무자를 선발 대상으로 정하였다. 냅코작전을 수행할 팀은 현재까지 차모Chamo · 차로Charo · 아이넥Einec · 무로Mooro 등이 있는 것으로 알려져 있다.

최소 19명 이상의 재미한인이 참여한 냅코작전에 유일한이 속한 팀은 아이넥이었다. 이들은 태평양전쟁 이후 미군에 입대한 경우와 냅코작전을 위해 1945년 1월경 미군에 입대한 한인들이었다.

1945년 3월 7일 냅코작전의 현장훈련부대FEU: Field Experimental Unit 책임자 아이플러 대령이 도노반 국장에서 보고한 내용에 보면 재미한인 특수공작원 8명에 대한 간략한 이력과 활동이 소개되어 있다.

A는 50세, 155파운드, 5피트 7인치이며 처와 두 자녀가 콜로라도주에 살고 있다. 부모는 돌아가시고 많은 지명의 친척들이 한국에 살고 있다. 그는 소년시절에 미국에 와서 소학교와 고등학교를 네브래스카주에서 마치고 1924년 미시간대학에서 석사학위를 받았다. 1927년부터 한국에서 사업을 시작하고, 사업을 위하여 전쟁 발발 전까지 수차 한국과 미국을 왕래하였다. 그는 매우 투철한 애국자이며 그의 회사 지사들을 전략적으로 중요한 도시들에 세워나갔다. 이들 사업체의 지배인, 부지배인, 직공장 감독 등 간부들은 보다 투철한 한인애국자들인 그의 친척과 친구들로 메꾸었다. 그래서 유사시 이들을 지하조직의 핵심으로 운영할 생각이었다는 것이다. 따라서 그는 그의 사업조직망을 회사의 존망을 무릅쓰고 기꺼이 이용시키는 데 동의하였다. <u>OSS 요원이 처음 그들의 프로젝트의 성원으로 들어갈 것을 요청했을 때, 그는 자신이 자기 조의 구성원을 스스로 모집하기를 원했다</u>. 자신의 회사의 비밀정보를 가르쳐 줄 수 있는 신뢰할 수 있는 사람들을 선택하기 위한 것이었다. 그는 한국에서 얼굴이 잘 알려져 있기 때문에 조합원들과 같이 들어가지 않고 그 조의 고문으로 남을 것이지만, 필요한 경우 한국에 직접 침투해 들어가게 되어 있다. 그는 1945년 1월 6일 입대하고 2월 2일부터 이 캘리포니아의 훈련소에 와 있다.

이 문서의 'A'는 유일한으로 밝혀졌다. 유일한은 OSS 요원으로부터 냅코작전의 공작원으로 참여해 줄 것을 요청받고 기꺼이 수락하였다. 또한 자신이 설립한 유한양행의 조직망을 냅코작전을 위해 활용할 것도

동의하였다. 다만 팀원들은 자신이 신뢰할 수 있는 요원으로 직접 선발할 것을 조건으로 내걸었다. 또한 유일한 자신은 얼굴이 알려진 관계로 팀원들과 함께 한국으로 침투하지는 않고 고문으로 남을 것이지만 필요하다면 직접 침투한다는 뜻을 밝혔다. 그리고 1945년 1월 6일 또는 8일 입대하였으나, 태평양국제대회에 참석한 관계로 2월 2월부터 훈련에 합류하였다.

이때 유일한이 직접 선발한 팀원은 이초李超·변일서邊日曙·차진주車眞宙 외 1인이었다. 이초는 1945년 당시 49세, 평양 출신으로 중국 난징군관학교南京軍官學校를 졸업하고 1915년 미국으로 와서 1919년 노백린 등이 설립한 한인비행사양성소에서 훈련을 받았다. 1942년 12월 OSS에 입대하여 3개월간 훈련을 받다가 프로젝트 취소로 제대하였다가 1945년 1월 2일 다시 입대하였다.

변일서는 1945년 당시 44세, 평양 출신으로 도쿄 게이오대학慶應義塾에 유학한 뒤 1919년 다시 난징대학에 유학하였다. 1922년 미국으로 건너와 1924년 노스웨스턴Northwestern대학을 졸업하였다. 1943년 네브래스카주에서 입대하였고 1944년 3월 미네소타주 육군정보학교를 졸업하고 9월 OSS에 입대하였다.

차진주(James Carr)는 1945년 당시 39세, 평북 의주 출신으로 1910년 중국으로 건너가 1920년 난징대학부속고등학교에 입학하였으며, 1925년 난징의 군사학교인 윈난강무당雲南講武堂에 입학하였다. 1926년 미국으로 건너와 사우스다코타주South Dakota의 휴론Huron대학에서 공부한 뒤, 1931년부터 33년까지 미네소타주립대학에서 공부하였다.

유일한을 비롯한 아이넥 팀원들은 캘리포니아주 로스앤젤레스 해안에 위치한 산타카탈리나섬에서 강도 높은 훈련을 받았다. 외부와 철저히 차단된 채 유격과 무선통신, 폭파 등의 훈련을 받았고, 로스앤젤레스와 샌프란시스코 등지로 가서 가상 침투훈련까지 실시하기도 하였다. 그해 4월까지 훈련을 받은 후 출발을 기다리던 중, 8월 일본의 패망으로 이들의 임무도 종결되었다. 이에 미군에 입대한 한인들은 모두 제대하였다.

해방이 된 후인 1945년 10월 10일 냅코작전 훈련책임자였던 아이플러가 맥루더John Magruder 장군에게 보낸 「한국인 출신 FEU 전 회원에 관한 자료」에 보면 OSS FEU 훈련에 참여한 한국계 요원 19명이었다. 하문덕·김강·김현일·김필영·이초·이태모·유일한·박형무·박순동·박기벽·변준호·이종흥·이종실·이근성·변일서·장석윤·차진주·최진하가 그들이었다. 이 중 유일한 관련 파일 내용은 다음과 같다.

유일한에 관한 데이터

이　　름: 유일한, ASN 13139627

주　　소: 콜로라도주 볼더, 베이스린즈가 1001

생년월일: 1896. 12. 23

출 생 지: 하와이 호놀룰루

결혼여부: 기혼, 두 자녀

시 민 권: 미국인

교　　육: 1905~1914년 네브래스카주 커니의 중·고등학교

```
Data on Ilhan New

Name: Ilhan New, ASN 13139627
Legal Address: 1001 Baseline Road, Boulder, Colorado
Date of Birth: 13 December 1896
Place of Birth: Honolulu, Hawaiian Islands
Marital Status: Married - two children
Citizenship: American
Education: Attended grammar and high school, 1905 to 1914, Kearney,
           Nebraska; Cass Tech, Detroit, Michigan, 1915; State Normal
           College, Ypsilanti, Michigan; University of Michigan, 1916-
           1919, receiving a B.A. Degree; U. of Southern California,
           1939-1940, receiving a M.B.A. Degree.
Civilian Background: Has resided most of his adult life in Korea where
           he developed a comparatively large successful chemical and
           drug manufacturing business. Prior to the time of his joining
           OSS, he had retired from active management of his business but
           still maintained his control of it. He also was very interested
           and active in Korean political and economic movements. Is
           founder and president of the Korean Economic Society and
           publisher of the Korea Economic Digest, which has headquarters
           at 1775 Broadway, New York.City.
OSS and Military Status: Enlisted in U.S. Army 8 January 1945. Assigned
           to the Field Experimental Unit immediately. Attended special
           FEU training school from 2 February 1945 to April, 1945.
           Was employed by FEU in special capacity from September, 1944,
           to January, 1945, at which time he entered the Army for service
           with OSS. Separated from FEU, OSS, 11 September 1945. Rank
           at time of discharge was T/Sgt.
Present Status and Address: Resumed his peacetime activities since discharge.
           Residing in Boulder, Colorado.
```

유일한에 관한 데이터

1915년 미시간주 디트로이트의 캐스 테크Cass Tech

1916~1919년 미시간주 입실란티Ypsilanti의 주립교육대학

1916~1919년 미시간대학 학사B.A. 취득

1939~1940년 남가주대학 경영학 석사M.B.A 취득

민간인 배경

그는 성인이 된 후 한국에서 대부분 생활하였고, 비교적 큰 규모의 성공

적인 화학 및 의약품 제조업을 발전시켰다. OSS에 합류하기 전에는 적극적으로 사업을 관리하였고, 지금은 은퇴하였음에도 여전히 자신의 사업을 유지하고 있다. 또한 한국의 정치와 경제운동에 아주 관심이 많았으며 적극적이었다. 고려경제회 회장이며 『한국경제적요』 발행인으로 뉴욕시 브로드웨이 1775에 본사가 있다.

OSS와 군대 현황

1945년 1월 8일 미 육군에 입대하여 즉시 FEU에 배정되었다. 1945년 2월 2일부터 1945년 4월까지 FEU 특별훈련학교에 다녔다. 그는 1944년 9월부터 1945년 1월까지 특별한 능력으로 FEU에 의해 채용되었다. 그는 OSS과정을 받기 위해 육군에 입대하였다. 1945년 9월 11일 OSS FEU로부터 제대하였다. 제대 당시 순위는 T/Sgt.

현재 상황과 주소

퇴원 후 평상시 활동을 재개하였다. 콜로라도주 볼더에 살고 있다.

1992년 재미역사학자 방선주는 미국문서보관소National Archives에 소장되어 있는 OSS 관련 문서 1만 217상자, 마이크로필름 966상자가 존재하고 있다는 사실을 알고 그 속에서 냅코작전 관련 문서를 찾아냈다. 이 자료들을 바탕으로 1993년 논문으로 발표하면서 유일한을 비롯한 냅코작전에 참여한 독립운동가 19명도 비로소 세상에 알려지게 되었다.

해방 이후 귀국과 활동

8년 만의 2차 귀국과 활동

일제의 항복으로 냅코작전을 전개하지 못한 채 해방을 맞이한 유일한은 1945년 9월 11일 OSS FEU를 제대하였다. 그리고 10개월 후인 1946년 7월 3일 미군 수송선을 타고 홀로 시애틀을 출발하여 19일 인천으로 입항하였다. 미군에서 수송선 탑승을 허락했다는 것은 유일한이 태평양전쟁 기간동안 OSS 고문 등으로 활약한 공을 인정한 것으로 추정된다.

8년 만에 다시 귀국한 유일한은 도착 직후 다음과 같이 한국의 무역과 경제 방향에 대해 이야기하였다.

현재 미주 본토에는 1천 9백여의 우리동포가 있는데 이번 전쟁에 약 250명이 대일전에 참가한 것은 이미 알려진 바와 같다. 그러나 이번에 조선이 해방되고 미국 군인들이 조선에 상륙을 하고서야 비로소 미국은 조선에 대한 인식을 새로히 하고 관심을 갖게 된 것만은 사실인 것 같다. 따라서 그들이 조선에 대한 야심이라든가 또는 경제적으로 조선을 독점하려는 욕망은 전혀 없으리라 믿는다. 그리고 또한 미국의 여론은 우리 조선을 원조하여 하루 바삐 독립시키려고 하나 우리로서는 어떠한 힘 또는 누구의 덕으로 그것을 바라서는 안된다. 바꾸어 말하면 우리는 경제적으로나 정치적으로 우리의 손으로 우리의 힘으로 그리고 우리가 독립을 해야 한다.

그러자면 첫째 경제적으로 외화外貨를 획득하여야 한다. 미국은 물자가 충분하지만 품삯工貨이 비싸서 생산품의 가격도 또한 비싸다. 따라서 우리가 생각할 것은 그곳으로부터 원료를 사들여 이를 가공 제조하여 그곳으로 도로 파는 경로를 밟으면 된다. 수출품으로서는 종래 일본에 수출하던 것 중 쌀을 제외한 생선·통조림·명주·과일·광물 등을 지적할 수 있겠다.

종전 후 세계 각국의 생존경쟁은 참으로 격심하다. 현재 구라파歐羅巴(유럽-필자 주)에서 생산되는 것은 미화美貨를 얻고자 미국으로 수출된다. 그러므로 우리도 수공업으로라도 생산 수출하여 경제적으로 사는 길을 찾지 않으면 모두가 허사인 것을 다시금 우리는 명심해야 할 것이다.

귀국 후 유일한은 유한상사주식회사를 유한산업주식회사로 개칭하고 유한양행 생산 제품을 판매 대행하도록 하는 등 회사를 정상궤도로 올려놓기 위해 전념하였다. 먼저 그해 9월에는 미 군정청軍政廳에 무역업

1946년 가족과 함께 찍은 사진

신청을 하여 1차 적격자로 선정되어 허가증을 받았다. 그런데 유일한이 귀국하기 5개월 전인 1946년 2월 22일 한국과 미국과의 통상通商을 목적으로 한미상업회의소韓美商業會議所가 창립되었다. 이때 유일한은 J·M·헨슨과 함께 부회두副會頭로 선임되었다. 유일한이 국내에 없는 상황에 유일한이 선임되었다는 것은 그의 명성을 반증하는 것이었다.

유일한이 귀국한 뒤 두 달 후인 1946년 9월, 경성상공회의소(현재 서울상공회의소)가 창립되었다. 경성상공회의소에서는 유일한에게 회장을 맡아줄 것을 간청하였으나 먼저 유한양행에 전념하기 위해 몇 번이나 사양하였다. 그러나 그해 11월 12일 을지로의 식산은행 회의실에서 위원 50명과 특별위원 10명이 모여 임원을 선출한 결과, 유일한이 회장에 선출되었다. 12월 3일에는 조선상공회의소(현재 대한상공회의소)에서 회장 김규식金奎植이 사임하는 바람에 결원이 되었던 회장 선거가 있었다. 식산은행 사무실에서 열린 임시총회에서 유일한이 회장으로 선출되었다. 이와 같이 의도치 않게 경성상공회의소와 조선상공회의소 회장으로 선출되자, 유일한은 유한양행 사장에서 물러났다. 한국 경제계를 대표하는 자리에 있으므로 특정 기업 사장으로 활동할 수 없다는 것이 이유였다. 이때 대부분 그의 후임으로 동생 유명한을 예상하였으나 유한양행 사장으로 취임한 사람은 구영숙이었다. 구영숙은 같은 평양 출신으로 유일한과 함께 어릴 적 미국으로 건너가 초등학교와 한인소년병학교를 함께 한 동창생이었다. 그러나 구영숙은 에모리대학을 졸업하기는 했지만 의학박사로서 경영인은 아니었기에 구영숙을 사장에 앉힌 것은 의외의 발탁이었다. 지금도 핏줄에게 대물림하는 세상에 당시로서는 그야말로 파격적 인사였다. 그러나 구영숙은 1950년 1월 이승만의 제안을 받아들여 보사부장관에 취임하고 만다.

조선상공회의소 회장 당선 직후 유일한은 1947년 1월 미국과의 통상 교섭을 위해 미국으로 건너갔다. 1월 2일 샌프란시스코에 도착한 유일한은 샌프란시스코 신문기자들과 회견에서 다음과 같이 말하였다.

약 15만 불 가격의 조선 물품이 근근 미국에 도착할 터인데 이 물품이야말로 장래 조미 간의 통상기초를 결정할 것이다. 조선은 장기간 일본의 기반羈絆(굴레 – 필자 주) 하에 있었고 또 전쟁으로 인한 통상 두절로 말미암아 현재 조미朝美 간에는 정식 위체爲替 환산률과 선박 운임이 결정되지 않고 있으나 이러한 문제는 조선으로부터 텅스텐·생견生絹·흑연과 미국으로부터 조선에 필요한 기계·화학품·염료 등이 바터제로 교환된다면 용이하게 해결될 것이다. 하여간 조선 상태는 매우 염려할 바가 있으며 만약 생산이 촉진되지 않는다면 악화할 가능성이 있다. 조선인은 차관을 요구하는 것은 아니다. 조선인은 생산을 촉진시키면 능히 자립할 수 있다고 확신하고 있는 것이다. 조선의 어업은 현재 어업을 장려시킬 설비가 없으므로 많은 지장을 갖고 있다.

조선상공회의소는 유일한에게 "조선과 미국 간에 바터제 무역을 한시바삐 시작하고 조·미 간 수송물자에 대한 수송 보험을 실시하도록 교섭하여 주기 바란다"는 전보를 보냈다. 이때 유일한은 한국의 죽세공품을 갖고 미국에 갔는데, 이는 한국에 필요한 물자를 구입하기 위함이었다. 미국에서 유일한은 한국에 투자할 미국 회사와 접촉하여 한국과 무역 재개를 이끌어내는 성과를 이루었다. 이때 그는 가족과 모처럼 상봉하여 지내다 돌아왔다.

1948년 8월 대한민국정부가 수립되고 이승만이 대통령으로 선출되었다. 이승만은 초대 내각을 구성하면서 당시 사업차 미국에 있던 유일한을 상공부 장관에 내정하고 이 사실을 알렸다. 그러나 유일한은 자신의 일에 충실하겠다며 제안을 거절하였다. 이후 유일한이 귀국하려 해도 1953년까지 정부가 입국을 허락하지 않았다. 한 번은 부산의 수영비행장까지 왔음에도 입국이 허락되지 않아 되돌아간 일도 있을 정도였다 한다. 이에 유일한은 50대의 나이에 스탠포드대학에서 박사과정을 다니며 국제법을 연구하였으나 논문을 제출하지 않아 학위는 취득하지 못하였다. 1950년 6월 한국전쟁이 일어나 한국에 들어올 수 없게 되자, 유일한은 일본 도쿄에 머물면서 유한양행 업무를 관리하였다. 막내 유특한이 부산과 도쿄를 오가며 유일한을 만나 회사 업무를 상의하고 지시를 받았다. 이때 유일한은 그동안 구상한 자동차 사업을 본격적으로 착수하기 시작하였다. 해방 이후 미 군정 무역부를 통해 자동차 부속품을 수입해 오던 유한양행은 1951년 7월 부산에서 세계적인 자동차회사인 미국의 크라이슬러사와 정식으로 제휴 계약을 맺고 크라이슬러 한국대리점인 코리안모터스를 설립하였다. 이때부터 정식으로 자동차 수입사업을 하게 된 것이다.

이때 둘째 동생 명한이 배 사고로 사망하였다. 당시 유명한은 구영숙의 뒤를 이어 유한양행 사장으로 활동하던 때였다. 유명한 죽음 이후 유일한은 1952년 유한양행 사장으로 막내 동생 특한을 취임시키고 자신은 회장으로 물러났다.

6년 만의 3차 귀국과 활동

1953년 1월 드디어 유일한은 한국으로 돌아왔다. 귀국 직후 전쟁으로 모든 시설이 파괴된 서울 본사 복구와 소사공장을 수리하는 한편, 원료 확보 등을 위해 2억 원을 투자하였다. 1953년 휴전 이후 유한양행은 계속 성장하여 성실한 우수약품 생산업체로서 안정된 지위를 구축하였다.

1953년 1월 귀국 직후(왼쪽 첫 번째가 유일한)

특히 선진국의 유명 제약회사와 제휴하고 한국 독점 판매업체가 되어 유한양행을 성장시켰다. 해방 이후 유일한은 유한양행으로부터 일체의 월급을 받지 않았다. 주식 배당금으로 충분하니 굳이 월급을 받을 이유가 없다고 하였다.

이와 더불어 그동안 미뤄왔던 육영사업을 시작하였다. 그 첫 학교가 고려공과기술학원이었다. 학원 설립은 1952년 말경 유일한이 국제전화로 설립을 지시한 바 있었다. 이에 임원들이 바로 계획 수립에 착수하였고, 1953년 유일한 귀국 후 본격적으로 시작되었다. 이 학원을 설립하기 위해 유일한은 자신의 주식 30%를 기부하였다. 고려공과기술학원은 소사공장 내에 설치되었고, 1953년 3월 신입생을 모집하여 5월 수업을

고려공과기술학원 소사 교사

시작하였다. 학비는 물론 숙식도 전부 무료로 제공하였다. 이에 필요한 돈은 회사 돈이 아닌 유일한 개인의 돈으로 충당하였다. 때문에 신입생을 모집할 때, 유일한은 자신의 형편상 60명을 선발하라고 하였다. 그런데 직원이 실수로 100명을 선발하였다. 이에 유일한은 내 수입으로는 100명은 무리이니 내년부터는 60명으로 줄이라고 하였다. 자신의 수입을 본인처럼 어렵게 공부하는 학생들을 위해 사용한 것이었다. 그러나 재정을 비롯한 여러 가지 사정으로 소사공장에 설치된 고려공과기술학원은 1957년 3월 2회 졸업생을 끝으로 문을 닫았다.

1956년 7월 유일한은 주식회사 유한코리안모터스를 정식 설립하였다. 유한코리안모터스는 자동차 수출입 판매가 주된 업무였으나, 이외에도 자동차 제작 및 수리, 해륙海陸 수송에 관한 기계류 취급과 일반 수출입 업무도 하였다. 부대사업으로 미국의 보험회사인 홈인셔런스 HOME INSURANCE의 한국총대리점을 겸하기도 하였다. 또한 샌프란시스코와 도쿄에 지점을 설치하였다. 이어 1957년 4월 코리안모터스 내에 '고려공과학원'을 다시 세워 중학교를 졸업한 뒤 가정 형편상 공부를 계속하지 못한 학생들을 모집하여 가르쳤다. 그리고 학생들을 위해 교사校舍는 물론 숙소와 실습장도 지었다.

그런데 1958년 유일한이 회장으로 있는 유한양행과 막내 동생 유특한이 사장으로 있던 유한산업주식회사 간에 '버들표' 상표를 둘러싼 특허문제를 놓고 법정소송이 벌어졌다. 이 상표 분쟁은 법정에서 '버들표'는 유한양행 고유의 상표이므로 유한산업주식회사에서는 사용할 수 없으나, 상호 '유한'은 사용할 수 있다고 판결하였다. 이후 유특한은 회사 이름을 유유산업柳柳産業으로 개칭하고 독자적으로 사업을 시작하였다.

1959년 유한양행에 어려움이 닥쳤다. 이승만의 자유당 정권이 3억 환의 정치자금을 제공하라고 은밀하게 요구하였다. 당시 자유당이 1년 동안 재벌을 비롯한 기업에서 거둔 정치자금은 63억 환에 이른다고 할 정도였다. 그러나 유일한은 이러한 부당한 요구에 그답게 응하지 않았다. 그러자 그해 9월 우량납세업체로 표창까지 받은 유한양행임에도 강도 높은 세무조사가 실시되었다. 이에 당시 사장 이건웅은 일본에 있던 유일한에게 연락하여 하소연하였다. 세무조사로 인해 정상적 업무가 불가능하니 다른 회사들처럼 정치자금을 주자는 입장이었다.

불법적으로 모은 정치자금은 결국 불법을 자행하는 데 쓸 뿐이네. 어떻게 불법을 자행하는 무리들과 공범이 될 수 있겠나. 회사 문을 닫게 되어도 사업을 할 수 없어도 할 수 없다. 정부가 정 그러면 유한양행을 팔아 교육사업에만 투자할 생각이네.

유일한이 이렇게 계속 버티자, 세무서에서는 유한양행에게 6,000만 환 탈세 혐의를 씌워 검찰에 고소하였고, 검찰은 사장 등 간부 3인에 대해 구속영장을 신청하였다. 이에 대해 법원은 증거가 불충분하다며 영장신청을 기각하였다.

그러나 이것으로 끝이 아니었다. 이번에는 치안국 경제계 형사들이 거의 매일 회사 사무실로 들이닥쳐 탈세 증거를 찾겠다고 난리를 피웠다. 심지어는 회계과장을 비롯한 임원과 직원을 치안국 지하실로 끌고 간 뒤 구타하며 신문(訊問)을 하였다. 이에 버티다 못한 사장은 임원들과 상의하여 회장 유일한 모르게 은행에 예금된 9,600만 환을 정치자금으로 건네기로 하였다. 이에 경리직원이 은행에 돈을 찾으러 갔을 때, 예금된 돈은 이미 사라졌다. 경리직원이 은행에 항의하자, 은행 측은 자유당 재정책임자의 지시문을 보여주며 어쩔 수 없이 돈을 인출해 주었다고 사과하고는 은행이 다른 방법으로 보상하겠다고 약속하였다. 후일 이 사실을 알게 된 유일한은 '자유당 정권이 오래가지 못할 것'이라고 하였다. 그의 말대로 자유당 정권은 이듬해 '3·15부정선거'로 몰락하고 말았다.

1960년 1월 유일한은 그동안 사업 성적이 부진한 코리안모터스를 청산하기로 결정하였다. 사업이 부진한 이유는 유일한의 사업 수완이 아니라 정부의 잦은 정책 변경 때문이었다. 정부는 1954년 자동차 부품 수입을 허가하였다가 다음 해에는 자동차 수입 금지 및 부속품 수입 제한령을 내렸다. 이 결정에 따라 코리안모터스에서 수입한 자동차 부품 10만 달러가 부산세관 창고에 쌓여만 있게 되자, 결단을 내린 것이다. 1960년 12월에는 이미 구입해 두었던 대방동 부지 3,000평에 본사 신축을 시작(1962년 5월 19일 낙성식)한 데 이어 자신의 땅 1,200평을 기부하여 한국직업학원을 신축하기도 하였다. 물론 이 한국직업학원은 고려공

크라이슬러 한국대리점 코리안모터스

과학원의 후신이었으므로 학비 전액 무료에 기숙사도 무료로 제공하였다. 그리고 학생들에게 용돈까지 지급하기도 하였다. 따라서 학생들은 고아 출신들이 많았다. 그런데 이 학생들은 3년의 공부를 마쳤어도 떠나지 않고 기숙사에 남아 있으려 했다. 이 사실을 알게 된 유일한은 자신이 학원을 세운 뜻은 자립적 삶을 살도록 도와주려 한 것인데, 숙식에 용돈까지 주니 학생들의 의타심만 키운 것 같다고 하며 기숙사를 폐지하고 대신 장학금을 늘려 지급하도록 조치하였다. 이후 유한공업고등학교를 설립할 때는 기숙사를 짓지 않았다.

1960년 5·16군사쿠데타가 일어난 뒤, 군사정권은 '구악일소舊惡一掃'

를 명분으로 부정축재자에 대해 대대적인 조사를 실시하였다. 이때 유한양행은 이승만 정권 당시 강탈한 은행 예금 9,600만 환을 돌려달라며 진정서를 제출하였다. 그러나 군사정권은 이를 이승만 정권에 정치자금을 제공한 것으로 판단하여 오히려 빼앗긴 금액을 벌금으로 물리는 한편 강도 높은 세무조사까지 하였다. 그러나 조사하던 세무사찰요원들도 놀랄 만큼 유한양행은 단 한 푼의 탈세도 없었다. 그 결과 유한양행은 1962년 1월 성실납세자로 선정되어 우량납세자 표창을 받는 해프닝도 일어났다.

1962년 유일한은 서울 대방동에 새로운 사옥을 완공하고 유한양행을 이전하였다. 이어 10월 22일에는 유한양행의 주식을 상장하기로 결정한 뒤 이를 발표하였다. 상장 목적에 대해 유일한은 "우리나라의 기업이 한두 사람의 손에 의해서 이루어져 가지고는 발전할 수 없다"고 하였다. 즉 자본과 경영을 분리하고 기업의 투명성을 실행하려는 유일한의 의지가 반영된 결정이었다. 유한양행의 주식 상장은 제약업체로는 한국 최초이며, 민간기업으로는 경성방직주식회사에 이어 두번째였다.

주식 공개 이후 유일한은 사회사업과 육영사업을 위해 더욱더 아낌없이 기부하였다. 한국아동양호회, 허약아동보호소인 광주행복원, 무의탁 군인 위문 등은 물론 이화여대와 연세대학교 등에도 요청이 있으면 자신의 개인 재산을 조건없이 기부하였다. 대표적으로 1963년 9월 유일한은 자신의 주식 1만 2,000주를 연세대에 기부하면서 의료사업과 연구비에 쓰도록 기증하였고, 5,000주는 보건장학회에 기증하였다. 향후 의약과학의 활성화와 그에 걸맞는 유능한 인재 양성이 기증 조건일 뿐이었

1964년 유한공고에 주식을 기증하는 유일한

다. 그해 10월 10일 제7회 '약의 날'에 유일한은 국가재건최고회의 의장으로부터 공로표창, 12월에는 대통령으로부터 국가공익포장을 수여하였다. 또한 유한양행은 전국 유일의 우량납세기업체로 선정되어 표창을 받았다.

 1962년 10월 재단법인 유한학원을 세운 유일한은 1964년에는 유한공업고등학교를 설립하였다. 이전 유일한이 설치하였던 고려공과기술학교 - 고려공과학원 - 한국직원학원은 정규 학교가 아닌 비인가 실습학교였으나, 유한공업고등학교(처음에는 한국고등기술학교)는 정부교육령에 따라 정규 인가를 받은 학교였다. 이 학교 설립을 위해 유일한은 개인 주식 1만 5,000주와 대지 5,000평, 그리고 건축비 700만 원까지 쾌척하였다. 그해 2월에는 '유한사회복지 및 교육신탁기금'(약칭 유한신탁기금, 또는 유한교육신탁기금)을 위한 기금관리위원회를 발족시키고 약정서를 체결하였다. 이때 유일한은 기금을 위해 ① 오류동 및 항동 소재 토지 약 1만평, ② 유한공업고등학교 신축 교사 2동, ③ 주식회사 유한양행의 의결권 있는 주식 8만 주를 기부하였다. 9월 재단법인 유한학원을 학교법인 유한재단으로 변경하였고, 12월에는 다시 학교명이 유한공업고등학교로 개편되었다. 유한공고는 전원 장학금을 받았던 까닭에 서울시내 중학교에서 5등 이내 성적이 되는 학생들이 대거 몰려 전국 최고 경쟁률을 자랑하였다. 그리고 1965년에는 유한중학교를 병설하기도 하였다.

아들 유일선과 은퇴

1965년 만 칠순이 된 유일한. 이때부터 회사 임원들은 유일한의 후계 문제를 건의하기 시작하였다. 그리고 유일한의 외아들 유일선을 강력 천거하였다. 이에 대해 유일한은 아들이 이미 미국에서 변호사로 활동하고 있으므로 이를 거절하였다. 그러나 임원들이 미국 유명 회사들의 2세 경영 승계 등의 예를 들며 계속해서 권유하자, 유일한은 먼저 아들의 경영능력 시험 후 결정하기로 하였다. 1966년 유일선은 한국으로 돌아와 부사장으로 근무하였다. 어릴 때부터 미국에서 교육을 받은 유일선은 미국식 합리주의를 바탕으로 적극 일을 추진하였다. 유일선의 가장 대

유일한과 아들 유일선

표적 업적은 화장지 생산이었다. 당시 한국인들은 용변을 본 뒤 신문지나 일력日曆 등을 사용하여 처리하던 때였다. 이러한 사실을 들어 임원들은 적극 반대하였다. 이에 유일선은 시장조사 결과를 내밀며 소득이 높아지면 반드시 화장지 수요가 급증할 것이라고 설득하여 1968년 4월 미국 굴지의 제지회사인 킴벌리 클라크와 합작투자를 결정하였다.

유일선은 직제職制도 개정하여 기존 공원工員·용원傭員·고원雇員·준사원 등으로 되어 있던 등급제를 폐지하고 전부 사원社員으로 명칭을 바꾸어 통일하는 등 혁신적인 조치를 취하였다. 6월에는 사업을 추진하는 데 유리하도록 대대적으로 기구를 개편하기도 하였다. 그러나 그의 미국식

초창기 유한킴벌리 생산 제품

사고방식과 혁신적인 일 처리에 임원과 직원들 사이에서 서서히 불만이 터져 나오면서 갈등을 빚었다. 더욱이 유일선이 추진한 화장품과 치약 관련 사업도 판매 부진으로 중단되었다. 이에 유일한은 회사 경영자로서 문제가 있다고 판단한 끝에 1968년 9월 유일선을 부사장에서 해임하였다. 유일선은 자신의 주식을 전부 처분한 뒤 미국으로 떠났다. 유일한은 다시 홀로 남아 독거노인이 되었다. 그러나 유일선이 떠난 뒤, 유한킴벌리는 1971년 1월 국내 최초로 생리대 '코텍스'를 출시하였고, 5월에는 국내 최초의 미용티슈 '크리넥스'를, 8월에는 국내 최초의 화장지 '뽀삐'를 출시하면서 한국의 화장 문화와 화장실 문화를 완전 바꾸어 놓았다. 지금까지도 이 두 제품은 우리에게 친숙한 제품들이다. 유일선은 자신이 떠난 뒤 3년 뒤에 자신의 진가를 증명한 셈이다.

1968년 유일한은 6년 전과 마찬가지 일을 겪게 되었다. 박정희 정권도 이승만 정권과 마찬가지로 기업들을 상대로 거액의 정치자금을 요구하였다. 그러나 유일한은 이번에도 거절하였다. 이에 국세청에서 유한

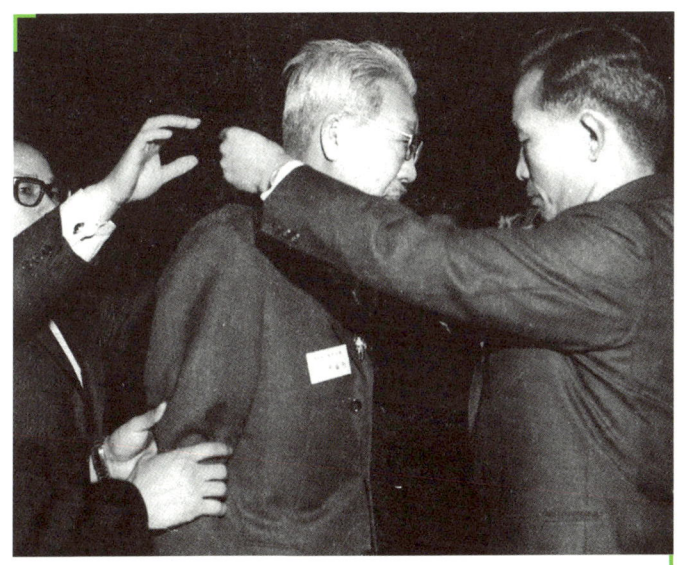
박정희 대통령에게 동탑산업훈장을 받는 유일한

양행에 대한 세무조사가 시작되었다. 그러나 유일한의 지론대로 그동안 자진하여 철저히 세금을 납부하였기에 트집을 잡기 위해 시작된 세무조사에도 추호의 비리를 발견하지 못하였다. 이때 세무조사 담당 요원은 털어도 먼지가 나지 않는 경우도 있다고 하며 이를 보고하였다. 그러자 이번에는 유한양행 제품을 과학기술처에 의뢰하였다. 이렇게 정확히 세금을 내면서도 탈세를 하지 않았다면 제품의 함량을 속여 이익을 냈을 것이라는 판단이었다. 그런데 제품 분석 결과 우수하다는 판정이 나왔다. 이러한 결과를 국세청장이 청와대에 보고하자, 박정희는 감동하여 1968년 3월 '세금의 날'에 업계 최초로 동탑산업훈장을 수여하였다. 그리고 국세청은 유한양행에 '국세청 선정 모범 납세업체'라는 동판을 제

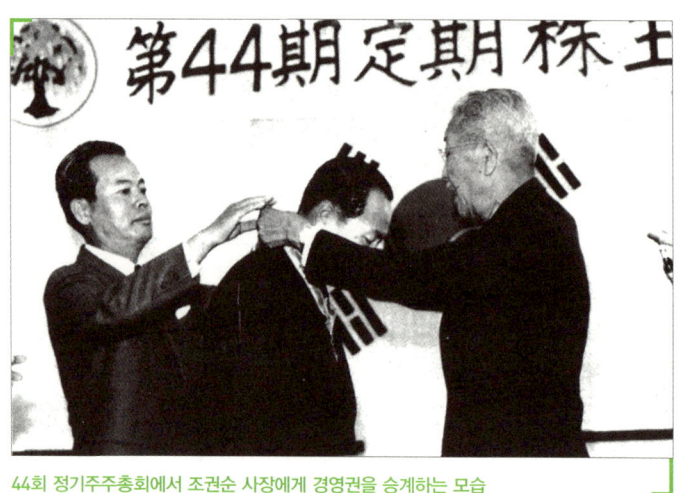

44회 정기주주총회에서 조권순 사장에게 경영권을 승계하는 모습

작하여 보내주기도 하였다.

　아들이 떠난 후 홀로 대방동 회사 사택에 거주하던 유일한은 연만희에게 자신이 살아있을 때 전문경영인 체제로 운영되도록 다 정리하고 갈 것을 언급하였다. 이러한 유일한의 인식 덕분에 사원으로 입사한 연만희도 후일 유한양행 회장이 될 수 있었다.

　1969년 10월 30일 44기 정기주주총회에 참석한 유일한은 모든 자리에서 물러났다. 이날 행사에서 유일한은 대통령으로부터 받은 동탑산업훈장을 전무 조권순에게 걸어주며 모든 경영권을 넘겨주었다. 지금도 2세에게 경영권을 승계하기 위해 편법을 일삼는 재벌들에게는 기이한 일일 수도 있겠으나, 유일한은 자신의 2세가 아닌 전문경영인에게 경영권을 넘겨주며 전문경영인제도를 몸소 실천하였다. 이어 1970년에는 사재를 털어 '재단법인 한국사회 및 교육원조신탁기금'을 설립하였다.

이는 후일 유한재단으로 발전하였고, 유일한의 필생 사업인 교육사업을 관리하게 되었다.

구두 두 켤레, 양복 세 벌

유일한은 은퇴 이전 대장 수술을 받은 적이 있었다. 그 후 계속 유일한의 건강이 악화되자, 임원들은 유일한의 동상 건립을 추진하였다. 이를 알게 된 유일한은 내가 살아있는 동안 동상 건립은 허락할 수 없다며 반대하였다. 그런데도 유일한 모르게 동상건립위원회가 설립되어 작업이 이루어지고 있었다. 1970년 2월 유일한은 병환으로 국립중앙의료원에 입원하였다. 그리고 문병 온 친구 김명선으로부터 5월 9일 동상 제막식이 있다는 소식을 전해들었다. 이를 들은 유일한은 "나더러 빨리 죽으라는 소리군"이라고 말하였다.

 5월 9일 유한공고 교정에서 동상 제막식이 거행되었다. 제막식에는 딸 재라, 여동생 순한, 그리고 유한양행 관계자를 비롯한 유한중고교 학생 1천여 명이 참석하였다. 그러나 당사자인 유일한은 끝내 불참하였다.

 1970년 6월 26일 유일한은 국립의료원에서 세브란스병원으로 옮기는 등 건강은 더욱 악화되었다. 1971년 1월 23일 유한공고 4회 졸업식이 있었다. 자신의 동상 제막식에도 참석하지 않던 유일한이었지만, 자신이 키운 학생들의 졸업식에는 꼭 참석하고 싶었다. 사람들의 부축을 받으며 유일한은 단상에 올라 축사를 하였다. 이 축사는 학생들에게 남기는 마지막 유언이 되었다. 1971년 3월 11일, 자신의 모든 재산을 사

장례 당일 유한공고 교정 운구행렬

회에 기부하라는 유언을 남기고 타계하였다. 그런데 그가 남긴 유품은 구두 두 켤레, 양복 세 벌이 전부였다. 3월 15일 유한양행 본사 강당에서 영결식이 거행되었고, 그의 소원대로 유한공고 교정 뒤 '유한동산'이라 불리는 곳에 안장되었다. 유한공고 학생들은 교문 위에 "할아버지 고이 잠드소서"라는 플래카드를 걸어놓았다. 학생들에게 유일한은 '회장님'이 아니라 자신들을 키워준 고마운 '할아버지'였던 것이다.

장례가 치러진 뒤 채 한 달이 못된 4월 4일. 그의 유언장이 유한양행 사장실에서 공개되었다. 참석자는 가족 대표로 딸 유라와 누이 순한이 참석하였고, 회사측 대표는 사장 조권순曺權順과 부사장 김학수金鶴洙, 공증인으로 생전 친하게 지냈던 이종극李鍾極이 참여하였다. 유언장 내용은 4월 8일 공개되었고, 다음 날인 9일 각 신문에 보도되었다.

Ilhan New "will"

第五七五號
遺言公正證書正本

本職은 西紀 一九七一年 四月 九日 나은밤 別市 永登浦區 大方洞 四九番地의 자택에서

遺言者「일한. 뉴」(ILHAN. NEW. 柳一韓) 로부터 遺言證書作成의 囑託을 받고 證人 金鶴珠 陳鋰兼參與下에 아래의 遺言趣旨를 筆記하여 이 證書를 作成함

一. 遺言者之心神이 健全하며 어떠한 사람으로부터도 影響을 받지 않고 다음과 같이 遺言하며 이 遺言을 遺言者의 最終 遺言으로 宣言하고 同時에 從前의 遺言및 補充的 遺言一切는 이를 모두 取消한다.

(1) 遺言者의 長女「재닛트. 티. 뉴」(JANET T. NEW. 柳載羅)에 對하여
    遺言者의 長女「재닛트. 티. 뉴」에게 遺言者

서울地方檢察廳管內公證人事務所

공개된 유일한의 유언장

첫째, 손녀인 유일링(당시 7세)에게는 대학 졸업시까지 학자금 1만 달러를 준다.

둘째, 딸 유재라에게는 유한공고 안의 묘소와 주변 땅 5천 평을 물려준다. 그 땅을 유한동산으로 꾸미되 결코 울타리를 치지 말고 유한 중·공업고교 학생들이 마음대로 드나들게 하여 어린 학생들의 티 없이 맑은 정신에 깃든 젊은 의지를 지하에서나마 더불어 느끼게 해 달라.

셋째, 내 소유 주식 14만 941주는 전부 '한국 사회 및 교육 원조신탁기금'에 기증한다.

넷째, 아내 호미리는 재라가 그 노후를 잘 돌보아주기 바란다.

다섯째, 아들 유일선은 대학까지 졸업시켰으니 앞으로는 자립해서 살아가거라.

이 유언을 보면 유산을 상속받은 유족은 손녀의 학자금 1만 달러가 전부였다. 장녀 재라에게 준 것은 사실상 묘를 관리하기 위한 용도일 뿐이었다. 별세할 때까지 유일한이 각종 공익재단에 기증한 개인 주식은 유한양행 총 주식의 40%였다. 이는 2010년 기준으로 시가 총액 1조 8,450억에 달하는 금액이었다. "기업의 소유주는 사회이다"라는 자신의 철학을 몸소 실천한 것이었다.

공개된 유일한의 유언장 내용은 '나의 전 재산 학교재단에'라는 식의 제목으로 신문에 대서특필되었다. 유일한이 학교재단에 기증한 주식가격은 당시 시가로 2억이 넘는 재산이었다. 딸 재라도 1991년 3월 별세

한국보이스카우트연맹에서 감사패를 받고 있는 유재라

할 때 200억 상당의 전 재산을 유한재단에 모두 기증하면서 아버지의 마지막 가는 길을 따랐다. 부녀가 모두 자신들의 전 재산을 사회에 환원한 것이었다. 유일한의 여동생 유순한도 1996년 '생명의 전화' 이사장이 되었을 때, 유한양행 주식 1만 주를 기증하였다.

유일한은 살아생전 가지고 있던 모든 것을 사회에 환원하였다. 그리고 그가 창립한 유한양행은 창업주의 정신을 이어받아 한국에서 최초로 주식을 개방하고 종업원 지주제를 실천하여 노동자가 곧 주인이 되는 회사를 만들면서 지금도 '신화'로 전해지고 있다.

유일한의 삶과 자취

1895	1월 15일 평남 평양에서 아버지 유기연과 어머니 김기복 사이에서 6남 3녀 중 장남으로 출생. 본명 유일형
1905	9월 박희병을 따라 이종희·이관수와 미국 입국
1908	커니시 터프트 부인 집에 스쿨보이로 입주
1909	커니소학교 7학년. 이즈음 '일한'으로 개명
	6~8월 박용만이 설립한 한인소년병학교 입학 후 군사훈련
1910	부친과 가족, 중국 북간도 옌지현 룽징으로 망명
	커니고등학교 진학. 육상부와 미식축구팀 선수로 활약
	6~8월 한인소년병학교에서 두 번째 군사훈련. 소년병학교 야구팀 선수로도 활동
1911	8월 한인소년병학교 1회 졸업. 졸업생은 13명
1912	헤이스팅스고등학교로 전학
1914	헤이스팅스고등학교 졸업
1915	미시간주 디트로이트의 캐스 테크(Cass Tech) 입학
1916	가을 미시간대학교 상과 입학
1919	4월 필라델피아에서 개최된 한인자유대회(제1차 한인회의) 참석, 「한국 국민들의 목적과 열망을 석명하는 결의문」 기초작성위원으로 결의문 작성 후 발표
	미시간대학교 상과 졸업
1920	미시간중앙철도회사 회계사, 제너럴 일렉트릭 회사 취직

	3월 15일 양유찬과 보스턴에서 '한국을 위한 대회' 개최
1922	라초이식품주식회사 설립, 판매 담당 부사장
1924	11월 사업차 한국 방문
1925	호미리와 결혼
	4월 서재필·정한경·이희경과 유한주식회사 설립
1926	1월 유한주식회사 재무로 선임. 본부를 디트로이트로 이전
	2월 라초이식품주식회사 사직
	3월 1일 유한주식회사 전무
1927	1월 유한주식회사 동양 대표로 한국 파견
	3월 한국 도착
	12월 10일 종로 덕원빌딩에서 유한양행 정식 개업. 1층은 유한양행, 2층은 아내 호미리의 유한의원으로 사용함
1929	유한양행 사무실을 덕원빌딩 맞은편 기독교청년회관(YMCA회관)으로 이전
	10월 19일 장녀 재라 출생
1932	서대문정 2정목 7번지에 사옥 건축 후 이전
1933	소염진통제 안티푸라민 개발
1934	8월 부친 유기연 별세
1935	6월 3일 아들 일선 출생
1936	주간잡지 『유한브리튼』 간행
	6월 20일 유한양행을 주식회사로 전환. 종업원 주주제 실시
1938	4월 라초이식품회사 초청으로 도미
	5월 13일 미국 입국, 병으로 요양
1939	2일 로스앤젤레스에서 유한양행의 '고려인삼 대약방' 개업
	서던캘리포니아대학 대학원 입학, 2년 후 경영학 석사 취득

1941	아내의 고향 콜로라도주 덴버 부근 볼더로 가족과 함께 이주
1942	8월 30일 재미한족연합위원회 집행부 위원으로 선임
	10월 미 전략첩보국(OSS)의 요청으로 태평양전쟁에 대한 한국의 역할에 대한 보고서 작성
	12월 11일 재미한족연합위원회 집행부 주최 대일선전 1주년 기념식에서 연설
1943	7월 15일 재미한족연합위원회 집행부 산하 전후계획연구부 설치, 연구부 위원장으로 1차 연구부 회의 개최
	9월 4일 국민회에서 선출한 재미한족연합위원회 대표 13인 중 1인으로 선출
	11월 집행부 연구부의 결과물인 『한국과 태평양전쟁』 간행
	12월 2일 뉴욕에서 고려경제회 준비위원회 개최
1944	6월 고려경제회 회보 『Korea Economic Digest』 간행
1945	1월 1일 미국 버지니아주 핫스프링에서 열린 태평양국제대회에 전경무·정한경과 함께 참석
	2월 미 전략첩보국이 추진한 냅코작전에 참여. 아이넥 팀장으로 국내침투작전 훈련
	9월 11일 일본의 항복으로 미국전략첩보국 제대
1946	7월 19일 미군 수송선을 타고 인천에 입항
	11월 12일 경성상공회의소 회장으로 선출
	12월 3일 조선상공회의소 회장으로 선출
1947	1월 상공회의소 사업차 미국 입국
1953	1월 6년 만에 귀국. 이후 유한양행과 교육 및 사회 사업을 위해 헌신
1971	3월 11일 별세. 별세 전 자신의 전 재산을 유한재단에 기증

참고문헌

자료

- 『경향신문』, 『동아일보』, 『서울신문』, 『자유신문』, 『신한민보』, 『조선일보』, 『Seoul Press』
- 『삼천리』, 『개벽』
- 경성지방법원 검사국, 『경찰정보철』, 1934.
- 국가보훈처 편, 『NAPKO Project of OSS: 재미 한인들의 조국 정진계획』, 2001.
- 국사편찬위원회 편, 『대한민국임시정부자료집』 16, 2007.
- 국사편찬위원회 편, 『자료대한민국사』 1~4, 1969~1971.
- 국사편찬위원회 편, 『한국근대사자료집성』 10, 2004.
- 국사편찬위원회 편, 『한국독립운동사』 자료 1·3·25, 1970·1973·1994.
- 대한상공회의소 조사부, 『전국주요기업체명감』, 대한상공회의소, 1956.
- 독립운동사편찬위원회, 『한국독립운동사자료집』 4·8집, 1972·1974, 국가보훈처.
- 廉漢榮, 『會社年鑑』, 大韓經濟年鑑社, 1956.
- 廉晉和, 『대한민국인사록』, 내외홍보사, 1949.
- 윤치호, 『윤치호일기』 9, 1927(국사편찬위원회 편, 『한국사료총서』 19 수록).
- 일본 외무성, 『불령단관계잡건 – 조선인의 부 – 재만주의 부』 2, 1912. 7~1913. 11.
- 정신여학생기독교청년회, 『貞信 제2호』, 한성도서주식회사, 1936.

- 정신여학생기독교청년회, 『貞信 제3호』, 한성도서주식회사, 1937.
- 조선총독부 경무국 도서과, 『조선출판경찰월보』 97~108호, 1936. 9~1937. 9.
- 中村資良, 『朝鮮銀行會社組合要錄』, 동아경제시보사, 1942.
- 차재명, 『조선예수교장로회사기(史記)』 상, 조선예수교장로회총회, 1928.
- 청운출판사 편집부, 『대한민국인물연감』, 청운출판사, 1967.
- 『주미외교위원부 통신』 63 · 76 · 102호, 1944~1945.

저서

- 고정휴, 『이승만과 한국독립운동』, 연세대학교출판부, 2004.
- 고정휴, 『1920년대 이후 미주·유럽지역 독립운동』, 독립기념관 한국독립운동사연구소, 2009.
- 국사편찬위원회 편, 『한민족독립운동사』 3 · 4, 1988.
- 김광재, 『한국광복군』, 독립기념관 한국독립운동사연구소, 2007.
- 김도훈 외, 『1910년대 국외항일운동 Ⅱ』, 독립기념관 한국독립운동사연구소, 2008.
- 김도훈, 『미대륙의 항일무장투쟁론자 박용만』, 역사공간, 2010.
- 김소진, 『한국독립선언서연구』, 국학자료원, 1999.
- 김시우, 『민족기업인 유일한은 독립운동가였다』, 올댓스토리, 2017.
- 金元容, 『재미한인50년사』, 캘리포니아 리들리, 1959.
- 안형주, 『박용만과 한인소년병학교』, 지식산업사, 2007.
- 연세대학교 국학연구원, 『미주 한인의 민족운동』, 혜안, 2003.
- 유일한전기편집위원회, 『나라사랑의 참 기업인 柳一韓』, 동아출판사, 1995.
- 유한50년社史편찬위원회, 『유한50년』, 광명인쇄공사, 1976.
- 이현희, 『유일한의 독립운동연구』, 동방도서, 1995.
- 정병준, 『광복직전 독립운동 세력의 동향』, 독립기념관 한국독립운동사연구

소, 2009.
- 조성기, 『유일한평전』, 작은씨앗, 2005.
- 홍선표, 『독립협회를 창설한 개화·개혁의 선구자 서재필』, 독립기념관 한국독립운동사연구소, 2011.

논문

- 강효숙, 「청일전쟁기 일본군의 조선병참부 – 황해·평안도 지역을 중심으로 – 」, 『한국근현대사연구』 51, 2009.
- 방선주, 「미주지역에서 한국독립운동의 특성」, 『한국독립운동사연구』 7, 독립기념관 한국독립운동사연구소, 1993.
- 이광린, 「평양과 기독교」, 『한국기독교와 역사』 10, 한국기독교역사연구소, 1999.
- 정병준, 「해제」, 『NAPKO Project of OSS: 재미 한인들의 조국 정진계획』, 국가보훈처, 2001.
- 조재곤, 「러일전쟁과 평안도의 사회경제상」, 『동북아역사논총』 49, 동북아역사재단, 2015.
- 한시준, 「1940년대 전반기 독립운동의 특성」, 『한국독립운동사사전 총론편(하)』, 독립기념관 한국독립운동사연구소, 1996.
- 홍선표, 「재미한족연합위원회 연구(1941~1945)」, 한양대 대학원 박사학위논문, 2002.

찾아보기

ㄱ

간민회墾民會 17, 19, 21
강영문 123
경성상공회의소 139, 140
고려경제회 119~121, 123
고려공과기술학원 143, 144
고려인삼대약방 97, 98
구영숙具永淑 36, 42~44, 140
길신여학교吉新女學校 19
김경 35, 42, 73, 119
김기복金基福 10, 16
김명선 155
김병연金炳淵 98, 102~104, 106, 110~114, 116
김성덕 119
김성락 112, 116
김세선 119, 124, 125
김영호金英豪 89, 92, 94
김용성金容成 36, 42~44, 49, 98, 102, 105, 112, 114, 116, 123
김용중金龍中 106, 127
김원택金元澤 36
김준성 120, 124
김진억 119, 125
김호金乎 105, 107, 113, 114
김확실金確實 15, 16

ㄴ

나찬수羅贊洙 86
냅코작전Napko Project 129~132, 134, 136
네오톤 토닉 91, 92

ㄷ

다이코버Dichover 120, 121
대한국민회大韓國民會 22
대한인국민회 53, 54, 98, 113, 123
덕원빌딩 82
독수리작전 130

ㄹ

라초이식품주식회사La Choy Food Product Inc. 62, 66, 69, 70, 73, 96
러일전쟁 31
루퍼스C. W. Rufus 73

ㅁ

마애방馬愛芳 51
마이어스Mayers 79
만국개량회 21
명동학교明洞學校 17

미시간대학교 50

ㅂ

바커A. H. Barker 19
박용만 33, 35, 36, 41~43, 45, 49
박희병朴羲秉 32, 33, 35, 36
배민수 120, 125
변일서 133, 134

ㅅ

상동청년회尙洞靑年會 33
새뮤얼 모펫Samuel Austin Moffet 15, 16, 23
서재필徐載弼 53, 55, 56, 58, 60, 71, 72, 75, 76
선우천복 119
셔먼 부인Mrs. Florence M. Sherman 35
셔우드 홀Sherwood Hall 88, 93
송헌주 112, 116
스쿨보이 37
시무학교時務學校 33

ㅇ

아이플러Carl F. Eifler 130, 131, 134
안티푸라민 89
양유찬 62, 63
에디슨변전소 49
연만희 154
연변교민회延邊僑民會 17
예동식芮東植 69, 70, 92, 94
올리버 에비슨Oliver R. Avison 78

웰리 스미스Wally Smith 65, 66
유기연柳基淵 10, 14, 17, 18, 21, 22, 28, 32, 49, 69
유명한 24, 94, 99, 140, 142
유선형柳善馨 16, 17, 23
유성한 25, 91, 94
유순한 19, 25, 90, 92, 95, 159
유유산업柳柳産業 145
유일링 27, 158
유일선柳逸善 26, 27, 90, 150~152, 158
유일형 23
유재라柳載羅 26, 158, 159
유정柳挺 10
유중한 24
유특한 26, 142, 144
유한공업고등학교 149
유한산업주식회사 145
유한양행 67, 81, 82, 84, 86~92, 95, 97, 138, 140, 142~144, 148, 149, 153
유한의원 82
유한재단 155, 159
유한주식회사柳韓株式會社 70~73, 75~77, 84
유한코리안모터스 142, 144, 146
유한킴벌리 152
유한학원 149
윤영선尹永善 81
윤치호尹致昊 51, 81
이건웅 145
이관수 33, 35, 36, 42~44, 48
이동휘李東輝 17, 21
이원순李元淳 124, 125

이종희李鍾熙 33
이중하李重夏 31, 33
이초 133, 134
이희경李喜儆 33, 43, 71~73, 76

ㅈ

자유당 145, 146
재미한족연합위원회 100, 103, 111
전경무 128
전략첩보국(OSS) 114, 116, 129, 133, 136
전처선 119, 124, 125
전항섭全恒燮 87, 92, 94, 97, 98
정기원 119, 122~125
정신여학교 23
정재면 17, 21
정한경鄭翰景 33, 42~44, 53, 55, 56, 71, 72, 127, 128
제임스 게일James Gayle 82
홀W. J. Hall 15, 16
조권순 154
조선상공회의소 140, 141
조오흥 42, 43, 49, 65, 73
조지 올링거George W. Olinger 122
조진찬曺鎭賛 42, 44
주미외교위원부 123~126
GU 사이드 94
진주유씨 10

ㅊ

차진주 107, 133, 134

찹수이雜碎 64
청일전쟁 27
최진하崔鎭河 73, 74, 134

ㅋ

캐스 테크Cass Tech 49
커니고등학교 39
크리스마스 실Seal 94
클레이튼 카루스Clayton D. Carus 112, 117, 122

ㅌ

태평양국제대회(IPR) 127, 128
태화여자관泰和女子館 79
터프트Tuff 37, 38, 40, 90

ㅍ

펄 벅Pearl Buck 130

ㅎ

학생 플랜students plan 73, 74
『한국경제적요』 120, 121
『한국과 태평양전쟁』 116, 117
『한국의 실정』 113
한국직업학원 146
한미상업회의소韓美商業會議所 139
한인경위대 101~104, 107, 108
한인소년병학교韓人少年兵學校 37, 41~48, 71

한인자유대회韓人自由大會 52, 54, 55, 60
해외한족대회海外韓族大會 100
현기식懸旗式 105, 106
현장훈련부대(FEU) 131, 134, 136, 137
협찬회 123, 125, 126

호미리胡美利 26, 51, 52, 69, 77, 78, 81, 82, 86, 91, 92, 94, 96, 97, 99, 105, 158
홍용선 25

새로운 하나된 한국을 꿈꾼 유일한

1판 1쇄 인쇄 2017년 12월 18일
1판 1쇄 발행 2017년 12월 22일

글쓴이   김도훈
기 획   독립기념관 한국독립운동사연구소
펴낸이   이준식
펴낸곳   역사공간

　　　　주소: 04034 서울시 마포구 양화로 11길 18 원오빌딩 4층
　　　　전화: 02-725-8806, 070-7825-9900
　　　　팩스: 02-725-8801, 0505-325-8801
　　　　E-mail: jhs8807@hanmail.net
　　　　등록: 2003년 7월 22일 제6-510호

ISBN 979-11-5707-152-4 03900

- 잘못된 책은 바꿔 드립니다.
- 이 도서의 국립중앙도서관 출판예정도서목록(CIP)은 서지정보유통지원시스템 홈페이지(http://seoji.nl.go.kr)와 국가자료공동목록시스템(http://www.nl.go.kr/kolisnet)에서 이용하실 수 있습니다.(CIP제어번호: CIP2017033631)

역사공간이 펴내는 '한국의 독립운동가들'

독립기념관은 독립운동사 대중화를 위해 향후 10년간 100명의 독립운동가를 선정하여, 그들의 삶과 자취를 조명하는 열전을 기획하고 있다.

001 근대화의 선각자 – 최광옥의 삶과 위대한 유산
002 대한제국군에서 한국광복군까지 – 황학수의 독립운동
003 대륙에 남긴 꿈 – 김원봉의 항일역정과 삶
004 중도의 길을 걸은 신민족주의자 – 안재홍의 생각과 삶
005 서간도 독립군의 개척자 – 이상룡의 독립정신
006 고종 황제의 마지막 특사 – 이준의 구국운동
007 민중과 함께 한 조선의 간디 – 조만식의 민족운동
008 봉오동·청산리 전투의 영웅 – 홍범도의 독립전쟁
009 유림 의병의 선도자 – 유인석
010 시베리아 한인민족운동의 대부 – 최재형
011 기독교 민족운동의 영원한 지도자 – 이승훈
012 자유를 위해 투쟁한 아나키스트 – 이회영
013 간도 민족독립운동의 지도자 – 김약연
014 대한민국 임시정부의 민족혁명가 – 윤기섭
015 서북을 호령한 여성독립운동가 – 조신성
016 독립운동 자금의 젖줄 – 안희제
017 3·1운동의 얼 – 유관순
018 대한민국임시정부의 안살림꾼 – 정정화
019 노구를 민족제단에 바친 의열투쟁가 – 강우규
020 미 대륙의 항일무장투쟁론자 – 박용만
021 영원한 대한민국임시정부의 요인 – 김철
022 혁신유림계의 독립운동을 주도한 선각자 – 김창숙
023 시대를 앞서간 민족혁명의 선각자 – 신규식
024 대한민국을 세운 독립운동가 – 이승만
025 한국광복군 총사령 – 지청천

026 독립협회를 창설한 개화·개혁의 선구자 – 서재필
027 만주 항일무장투쟁의 신화 – 김좌진
028 일왕을 겨눈 독립투사 – 이봉창
029 만주지역 통합운동의 주역 – 김동삼
030 소년운동을 민족운동으로 승화시킨 – 방정환
031 의열투쟁의 선구자 – 전명운
032 대종교와 대한민국임시정부 – 조완구
033 재미한인 독립운동의 표상 – 김호
034 천도교에서 민족지도자의 길을 간 – 손병희
035 계몽운동에서 무장투쟁까지의 선도자 – 양기탁
036 무궁화 사랑으로 삼천리를 수놓은 – 남궁억
037 대한 선비의 표상 – 최익현
038 희고 흰 저 천 길 물 속에 – 김도현
039 불멸의 민족혼 되살려 낸 역사가 – 박은식
040 독립과 민족해방의 철학사상가 – 김중건
041 실천적인 민족주의 역사가 – 장도빈
042 잊혀진 미주 한인사회의 대들보 – 이대위
043 독립군을 기르고 광복군을 조직한 군사전문가 – 조성환
044 우리말·우리역사 보급의 거목 – 이윤재
045 의열단·민족혁명당·조선의용대의 영혼 – 윤세주
046 한국의 독립운동을 도운 영국 언론인 – 배설
047 자유의 불꽃을 목숨으로 피운 – 윤봉길
048 한국 항일여성운동계의 대모 – 김마리아
049 극일에서 분단을 넘은 박애주의자 – 박열
050 영원한 자유인을 추구한 민족해방운동가 – 신채호

051 독립전쟁론의 선구자 광복회 총사령 - 박상진
052 민족의 독립과 통합에 바친 삶 - 김규식
053 '조선심'을 주창한 민족사학자 - 문일평
054 겨레의 시민사회운동가 - 이상재
055 한글에 빛을 밝힌 어문민족주의자 - 주시경
056 대한제국의 마지막 숨결 - 민영환
057 좌우의 벽을 뛰어넘은 독립운동가 - 신익희
058 임시정부와 흥사단을 이끈 독립운동계의 재상 - 차리석
059 대한민국임시정부의 초대 국무총리 - 이동휘
060 청렴결백한 대한민국 임시정부의 지킴이 - 이시영
061 자유독립을 위한 밀알 - 신석구
062 전인적인 독립운동가 - 한용운
063 만주 지역 민족통합을 이끈 지도자 - 정이형
064 민족과 국가를 위해 살다 간 지도자 - 김구
065 대한민국임시정부의 이론가 - 조소앙
066 타이완 항일 의열투쟁의 선봉 - 조명하
067 대륙에 용맹을 떨친 명장 - 김홍일
068 의열투쟁에 헌신한 독립운동가 - 나창헌
069 한국인보다 한국을 더 사랑한 미국인 - 헐버트
070 3·1운동과 임시정부 수립의 숨은 주역 - 현순
071 대한독립을 위해 하늘을 날았던 한국 최초의
　　여류비행사 - 권기옥
072 대한민국임시정부의 정신적 지주 - 이동녕
073 독립의군부의 지도자 - 임병찬
074 만주 무장투쟁의 맹장 - 김승학

075 독립전쟁에 일생을 바친 군인 - 김학규
076 시대를 뛰어넘은 평민 의병장 - 신돌석
077 남만주 최후의 독립군 사령관 - 양세봉
078 신대한 건설의 비전, 무실역행의 독립운동가
　　- 송종익
079 한국 독립운동의 혁명 영수 - 안창호
080 광야에 선 민족시인 - 이육사
081 살신성인의 길을 간 의열투쟁가 - 김지섭
082 새로운 하나된 한국을 꿈꾼 - 유일한